WALTER SCHMITT GLAESER

Die Stellung der Bundesländer bei einer Vereinigung Deutschlands

Schriften zum Öffentlichen Recht

Band 582

Die Stellung der Bundesländer bei einer Vereinigung Deutschlands

Von

Prof. Dr. Walter Schmitt Glaeser
Universität Bayreuth

Duncker & Humblot · Berlin

CIP-Titelaufnahme der Deutschen Bibliothek

Schmitt Glaeser, Walter:
Die Stellung der Bundesländer bei einer Vereinigung
Deutschlands / von Walter Schmitt Glaeser. —
Berlin: Duncker u. Humblot, 1990
  (Schriften zum Öffentlichen Recht; Bd. 582)
  ISBN 3-428-06900-5
NE: GT

Alle Rechte vorbehalten
© 1990 Duncker & Humblot GmbH, Berlin 41
Fotoprint: Color-Druck Dorfi GmbH, Berlin 49
Printed in Germany
ISSN 0582-0200
ISBN 3-428-06900-5

Vorwort

Die Vereinigung Deutschlands bringt eine Vielzahl schwerwiegender Probleme mit sich, nicht nur wirtschaftlicher, sozialer, mentaler und allgemein politischer, sondern auch rechtlicher sowie speziell staats- und verfassungsrechtlicher Art. Die vorliegende Schrift behandelt einen schmalen, aber derzeit besonders aktuellen Ausschnitt staats- und verfassungsrechtlicher Fragen: es geht um die möglichen Wege einer Zusammenführung der BR Deutschland und der DDR, wobei die rechtliche Position der Bundesländer in einem solchen Prozeß im Vordergrund der Überlegungen steht. Problematisch ist diese Position vor allem dann, wenn die "große" Lösung nach Art. 146 GG mit der Konstituierung einer gesamtdeutschen Verfassung beschritten wird; darauf war daher das Hauptaugenmerk zu richten. Die Untersuchungen werden im wesentlichen nur aus der Perspektive der BR Deutschland bzw. des Grundgesetzes vorgenommen.

Die Schrift ist ein Gutachten, das der Verfasser für den Ministerpräsidenten des Freistaates Bayern erstellt hat. Das Manuskript wurde am 10. April 1990 abgeschlossen.

Walter Schmitt Glaeser

Inhaltsverzeichnis

Abkürzungsverzeichnis 9

1. Kapitel

Die verschiedenen Wege zur Einheit Deutschlands 11

A) Beitritt oder Zusammentritt 11
    I. Der Weg nach Art. 23 Satz 2 GG (Beitritt) 12
    II. Der Weg nach Art. 146 GG (Zusammentritt) 17
    III. Das Verhältnis von Art. 23 Satz 2 und Art. 146 GG 22
    IV. Die Vereinigung Deutschlands und das Europäische Gemeinschaftsrecht 25
    V. Die Vereinigung Deutschlands und die Siegermächte 27
B) Problemstellung 28

2. Kapitel

Das Verfahren einer Verfassunggebung nach Art. 146 GG 29

A) Rechtliche Bindung der verfassunggebenden Gewalt 30
B) Die Risiken bei der Konstituierung einer gesamtdeutschen Verfassung 31
C) Die Stellung der Bundesländer im spezifischen Prozeß einer Verfassunggebung nach Art. 146 GG 38

1. Abschnitt

Das Vorverfahren 39

    I. Die Grundentscheidung 39
        1. Die Bedeutung der Grundentscheidung 39

	2.	Entscheidungskompetenz und Entscheidungsform	39
	3.	Entscheidungsfreiheit und die spezielle Lage Bayerns	41
II.	Die Vorgaben-Regelung		43
	1.	Entscheidungskompetenz und Entscheidungsform	43
	2.	Das Ausmaß der Bindung durch das Grundgesetz	44
III.	Das Subjekt der Verfassungserzeugung und seine Konstituierung		49
	1.	Gesamtdeutsche Nationalversammlung	49
	2.	Art der Konstituierung	50
IV.	Mitwirkung der Bundesländer beim Inkrafttreten einer gesamtdeutschen Verfassung		54

2. Abschnitt

Beratung und Beschließung einer gesamtdeutschen Verfassung   56

Zusammenfassung   58

Literaturverzeichnis   63

Abkürzungsverzeichnis

Abs.	=	Absatz
Anm.	=	Anmerkung(en)
AöR	=	Archiv des öffentlichen Rechts (Zeitschrift)
Art.	=	Artikel
BayVerfGH	=	Bayerischer Verfassungsgerichtshof
Bd.	=	Band
BT-Drucks.	=	Bundestagsdrucksache
BV	=	Verfassung des Freistaates Bayern vom 2. Dezember 1946 (BayRS 100-1-S)
BVerfGE	=	Amtliche Sammlung der Entscheidungen des Bundesverfassungsgerichts
DÖV	=	Die Öffentliche Verwaltung (Zeitschrift)
DVBl.	=	Deutsches Verwaltungsblatt (Zeitschrift)
f.	=	folgende (Seite)
ff.	=	fortfolgende (Seiten)
FAZ	=	Frankfurter Allgemeine Zeitung
FN	=	Fußnote
GG	=	Grundgesetz für die Bundesrepublik Deutschland vom 23. Mai 1949 (BGBl. 1)
Hrsg.	=	Herausgeber
insbes.	=	insbesondere
JöR	=	Jahrbuch des öffentlichen Rechts der Gegenwart
JZ	=	Juristenzeitung (Zeitschrift)
NJW	=	Neue Juristische Wochenschrift (Zeitschrift)
m.(w.)N.	=	mit (weiteren) Nachweisen
S.	=	Seite
SZ	=	Süddeutsche Zeitung
RdNr(n).	=	Randnummer(n)
vgl.	=	vergleiche
VVDStRL	=	Veröffentlichungen der Vereinigung der Deutschen Staatsrechtslehrer
ZRP	=	Zeitschrift für Rechtspolitik

1. Kapitel

Die verschiedenen Wege zur Einheit Deutschlands
A) Beitritt oder Zusammentritt

Ausdrücklich sieht das Grundgesetz zwei Wege der (Wieder-) Vereinigung vor: den Beitritt nach Art. 23 S. 2 und den Zusammentritt mit der Schaffung einer gesamtdeutschen Verfassung durch das deutsche Volk in freier Entscheidung nach Art. 146 GG[1]. Beide Bestimmungen stehen in einem inneren Zusammenhang zur Präambel und ihrem Wiedervereinigungsgebot[2]. Sie haben unmittelbare Rechtswirkung[3].

Weitere Varianten lassen sich aus Art 24 GG entwickeln[4], wobei insbesondere an eine Föderation zu denken wäre[5]. Eine solche Lösung ist aber nicht (mehr) ernsthaft in der Diskussion. Gleiches gilt für die von Maunz schon früh[6] in Erwägung gezogene Möglichkeit einer Übernahme des Grundgesetzes durch die DDR oder den Erlaß zweier übereinstimmender Verfassungen in den beiden getrennten Teilen durch deren verfassunggebende Gewalt. Auch könnte man in diesen Fällen kaum von einer "echten" Wiedervereinigung sprechen.

---

[1] *Friedrich Klein*, Bonner Grundgesetz und Wiedervereinigung Deutschlands, in: Gedächtnisschrift für Walter Jellinek (1955), S. 124 f.; *Theodor Maunz*, in: Maunz / Dürig, Kommentar zum Grundgesetz, Art. 23, RdNr. 37 m.w.N.

[2] Vgl. für Art. 23: BVerfGE 36, 1/28; für Art. 146: *Maunz*, in: Maunz / Dürig, Kommentar zum Grundgesetz, Art. 146, RdNr. 1.

[3] Vgl. etwa schon *F. Klein*, in: Gedächtnisschrift für W. Jellinek, S. 131.

[4] *Peter Häberle*, Verfassungspolitik für die Freiheit und Einheit Deutschlands. Ein Diskussionsbeitrag im Vormärz 1990, JZ 1990, Heft 8: Art. 24 GG schaffe "eine spezifische Offenheit für alle Wege zur und Architekturen der Einheit".

[5] Dafür z.B. *Ernst-Wolfgang Böckenförde / Dieter Grimm*, Nachdenken über Deutschland, in: Der Spiegel Nr. 10/1990, S. 72 ff.

[6] Die verfassunggebende Gewalt im Grundgesetz, DÖV 1953, S. 648.

I. Der Weg nach Art. 23 S. 2 GG (Beitritt)

1. Art. 23 S. 1 GG umreißt den territorialen Geltungsanspruch des Grundgesetzes durch eine Aufzählung der Bundesländer z.Z. des Inkrafttretens des Grundgesetzes; die Möglichkeit und die Notwendigkeit einer entsprechenden Ergänzung (Saarland) und Korrektur (statt Baden, Württemberg-Baden und Württemberg-Hohenzollern nunmehr: Baden-Württemberg) ist unbestritten. Der Geltungsanspruch bezieht sich damit auf die derzeit bestehenden Länder. Die Ergänzungs- und Korrekturmöglichkeit wird auch deutlich durch das Wort "zunächst" in Art. 23 S. 1 GG.

Dieses Wort "zunächst" in Art. 23 S. 1 GG steht aber auch und vor allem in bezug zu Art. 23 S. 2 GG, wonach in anderen Teilen Deutschlands das Grundgesetz nach deren Beitritt in Kraft zu setzen ist. Die Bestimmung ist nicht nur auf "West-Deutschland" gerichtet, so daß sie mit der Rückgliederung des Saarlands (1957) obsolet geworden wäre, sondern ebenso auf "Ost-Deutschland"[7].

Fraglich könnte – gerade im Hinblick auf Art. 146 GG – nur sein, ob Art. 23 S. 2 GG sich auf die Fälle beschränkt, in denen lediglich kleinere Teile Deutschlands (also etwa Thüringen oder Sachsen), nicht aber die ganze DDR (und die weiteren Teile Deutschland in den Grenzen des Deutschen Reiches von 1937) sich dem Grundgesetz unterstellen bzw. beitreten, in denen also die Voraussetzung des Art. 146 GG, nämlich die Vereinigung des ganzen Volkes, noch nicht erfüllt wird. Einer solchen Auslegung ist schon Ulrich Scheuner[8] entgegengetreten. Art. 23 S. 2 GG eröffne vielmehr – und die Materialien ergäben nichts gegenteiliges – "neben Art. 146 einen zweiten Weg der Wiedervereinigung durch Anschluß der anderen Teile Deutschlands, bei dem keine neue Verfassung geschaffen wird, sondern das Grundgesetz in Geltung bleibt". Weil Art. 23 S. 2 GG "gleichberechtigt neben Art. 146 im Rahmen der Grundordnung steht, wird man auch eine solche Form der Wiedervereinigung für zulässig halten müssen, zumal Art. 146

---

[7] *Georg Ress*, Grundlagen und Entwicklung der innerdeutschen Beziehungen, in: Isensee / Kirchhof (Hrsg.), Handbuch des Staatsrechts I (1987), § 11, RdNr. 64. Allgemein zur Fortgeltung auch BVerfGE 36, 1/29.

[8] Art. 146 und das Problem der verfassunggebenden Gewalt, DÖV 1953, S. 581 m.N.; ebenso etwa *F. Klein*, in: Gedächtnisschrift für W. Jellinek, S. 125 f.; *Maunz*, in: Maunz / Dürig, Kommentar zum Grundgesetz, Art. 23, RdNr. 37 m.w.N.

keineswegs eine rechtliche Pflicht zur Schaffung einer neuen Verfassung festlegt". Insoweit bestehe also "zwischen den beiden Vorschriften kein Widerspruch. Sie enthalten – abgesehen davon, daß Art. 23 auch andere Fälle des Anschlusses kleinerer Teile deckt – für die Wiedervereinigung zwei Alternativen: Herstellung einer neuen gesamtdeutschen Ordnung (Art. 146) oder Ausdehnung der Geltung des Grundgesetzes (Art. 23). Beide sind gleicherweise vom Boden des Grundgesetzes aus rechtmäßig." Diese Auffassung ist, soweit ersichtlich, unbestritten[9].

2. Gemäß Art. 23 S. 2 GG ist nach dem Beitritt das Grundgesetz in Kraft zu setzen. Im Gegensatz zu Art. 146 bedarf es in einem solchen Falle keiner (neuen) Verfassunggebung. Das Grundgesetz bleibt uneingeschränkt in Geltung und dehnt seinen Anwendungsbereich auf die beitretenden "anderen Teile Deutschlands" aus, gewinnt insofern an (territorialer) Bedeutung.

Mit der Weitergeltung des Grundgesetzes bleibt auch die rechtliche Stellung der Bundesländer grundsätzlich unverändert. Das gilt insbesondere für ihre Staatsqualität, die Zuständigkeitsverteilung zwischen Bund und Ländern sowie für die grundsätzliche Mitwirkung der Länder bei der Gesetzgebung des Bundes. Gerade im Hinblick auf den Bundesrat zeigt sich allerdings auch, daß mit dem Beitritt neuer Länder (Sachsen, Thüringen, Mecklenburg u.a.) die Kräfteverhältnisse verändert werden und das bisherige Gewicht der "alten" Länder im Bundesrat verringert wird. Aber die rechtliche Grundposition der Länder als Gliedstaaten des Bundes wird durch eine Wiedervereinigung über Art. 23 S. 2 GG nicht berührt. Trotzdem bleibt die Beitrittsvariante unter dem vorgegebenen Thema interessant. Sie steht mit der Variante des Zusammentritts in engem Bezug und der mögliche Weg der Wiedervereinigung nach Art. 146 GG kann in seiner Problematik nur ausgeschöpft werden, wenn auch die Alternative des Art. 23 S. 2 GG in Grundsätzen durchdacht ist und Beachtung findet.

3. In der politischen Diskussion wird immer wieder der Eindruck erweckt, als würde ein Beitritt nach Art. 23 S. 2 GG – im Gegensatz zu dem Zusammentritt nach Art. 146 GG – gleichsam von heute auf morgen erfolgen können oder gar müssen. Das ist unrichtig[10]. Auch bei Art. 23 S. 2 geht es kei-

---

[9] Vgl. etwa auch *Ress*, in: Handbuch des Deutschen Staatsrechts I, § 11, RdNr. 64; *Maunz*, in: Maunz / Dürig, Kommentar zum Grundgesetz, Art. 146, RdNrn. 2 f.

[10] Vgl. auch *Häberle*, JZ 1990, Heft 8 sowie etwa *Christian Starck*, Das Grundgesetz für Deutschland – Schritt für Schritt, in: FAZ Nr. 81 vom 5. April 1990, S. 14.

neswegs um einen "Vereinnahmungsakt" der "anderen Teile Deutschlands", um ein "Unterwerfungsverfahren", eine Art verfassungsrechtlichen "Eroberungscoup". Dies zeigt schon die aus dem Wortlaut der Bestimmung eindeutig herzuleitende Kompetenzzuweisung. Der Beitritt, also der die Vereinigung begründende Akt, ist ausschließlich Sache der Beitretenden bzw. der anderen Teile Deutschlands und nicht der Bundesrepublik[11]. Darüber hinaus sind aus politischen, faktischen und rechtlichen Gründen vor der Beitrittserklärung *eingehende Verhandlungen* zwischen den anderen Teilen Deutschlands und der Bundesrepublik unabdingbar. Sie fordern ihre Zeit und müssen auf ein *mehrstufiges Verfahren* mit Übergangsregelungen und (vorübergehenden) Anpassungsbestimmungen gerichtet sein. Die Beitrittserklärung kann erst am Ende und nicht am Anfang dieser Verhandlungen stehen. Schließlich sollte nicht übersehen werden, daß - worauf schon Stanka[12] hingewiesen hat - auch der Weg über Art. 146 GG, wenn auch nicht de iure so doch de facto, ebenso einen "Anschluß" der DDR an die BR Deutschland darstellt, u.a. schon im Blick auf die unterschiedliche Bevölkerungsgröße der beiden deutschen "Teilstaaten". Die Vertreter von etwa 57 Millionen Deutschen in der Bundesrepublik stünden in einer gesamtdeutschen verfassunggebenden Versammlung den Vertretern von nur etwa 16 Millionen Deutschen in der DDR gegenüber mit der möglichen Folge, daß die DDR-Deutschen "von einer westdeutsch dominierten verfassunggebenden Versammlung 'überfahren' würden."[13] Im Gegensatz zum Beitritt nach Art. 23 S. 2 GG könnte sich die Bevölkerung der DDR bei einem Zusammentritt nach Art. 146 GG gerade nicht "paritätisch" einbringen.

Art. 23 S. 2 GG bietet also den Deutschen in der DDR jede Möglichkeit, ihre Wertvorstellungen, Wünsche und Interessen in die Beitrittsverhandlungen und in die Vereinigung einzubringen. Besonders hervorzuheben ist, daß bei einem Beitritt nicht nur die Vereinbarung einer vorübergehenden Aussetzung sowie einer modifizierten oder stufenweisen Inkraftsetzung bestimmter, nicht zum "Kern" gehörender Grundgesetzregelungen möglich ist[14] (z.B. Art. 33 Abs. 4 und 5 GG; Notstandsbestimmungen; Wehrverfas-

---

[11] *Maunz*, in: Maunz / Dürig, Kommentar zum Grundgesetz, Art. 23, RdNr. 40.

[12] Zit. nach *F. Klein*, in: Gedächtnisschrift für W. Jellinek, S. 126.

[13] *Friedrich Karl Fromme*, Zwischen den Grenzsteinen des Rechts, in: FAZ vom 5. April 1990.

[14] Dies unterstreichen *Herrmann von Mangoldt / Friedrich Klein*, Das Bonner Grundgesetz, Bd. I, 2. Aufl. (1966), Art. 23, Anm. IV. 1. c; *Maunz*, in: Maunz / Dürig, Kommentar zum

A) Beitritt oder Zusammentritt

sung), sondern auch eine Änderung des Grundgesetzes erfolgen kann, um den Wertvorstellungen als Ausdruck der Identität des aufzunehmenden deutschen Volksteils Rechnung zu tragen. Auf jeden Fall muß nach einem Beitritt der gesamten DDR die Präambel des Grundgesetzes, die Finanzverfassung, Art. 23 selbst und wohl auch Art. 146 geändert werden. Allerdings darf eine solche Änderung, weil das Grundgesetz durch Art. 23 S. 2 GG in seiner Geltungskraft nicht beeinträchtigt wird, nur im Rahmen des Grundgesetzes, also nach Art. 79 GG erfolgen. Eine Totalrevision oder gar die Konstituierung einer "neuen Ordnung", wie nach Art. 146 GG, ist ausgeschlossen.

4. Ein illustratives Beispiel für Dauer, Mehrstufigkeit und Problematik eines derartigen Prozesses bietet die Eingliederung des *Saarlandes* im Jahre 1957[15].

Eingeleitet wurde der Beitritt am 23. Oktober 1955 mit der Abstimmung über das Saarstatut. 67 % der Abstimmenden sprachen sich gegen eine Sonderstellung des Saarlandes aus und brachten damit indirekt ihre Zugehörigkeit zur Bundesrepublik Deutschland klar zum Ausdruck. In der Folgezeit kam es zu Verhandlungen zwischen der französischen und der deutschen Regierung, an denen die Regierung des Saarlandes ständig beteiligt wurde. Ziel dieser Beratungen war die Herauslösung des Saarlandes aus dem Machtbereich Frankreichs und seine Zuordnung zur BR Deutschland. Sie endeten mit der Unterzeichnung des Saarvertrages am 27. Oktober 1956. In diesem völkerrechtlichen Vertrag erklärte Frankreich sein Einverständnis mit dem Beitritt des Saarlandes, erhielt dafür im Gegenzug eine Reihe von Zugeständnissen von deutscher Seite[16]. Den Franzosen wurde unter anderem ein Anteil an der saarländischen Kohleproduktion zugesichert, zugleich stimmte die Bundesregierung einer Beteiligung an der Schiffbarma-

---

Grundgesetz, Art. 23, RdNr. 45; *Ingo von Münch*, in: ders. (Hrsg.), Grundgesetz-Kommentar, Bd. 2, 2. Aufl. (1983), Art. 23, RdNr. 27; *Peter Füßlein*, in: Seifert / Hömig, Grundgesetz, 3. Aufl. (1988), Art. 23, RdNr. 5. Vgl. auch den schriftlichen Bericht des Ausschusses für Angelegenheiten der inneren Verwaltung vom 14. Dezember 1956, Verhandlungen des Dt. Bundestages, Bd. 33, Stenogr. Bericht, S. 10087 ff. – Vgl. auch Art. 144 Abs. 2 GG.

[15] Siehe dazu auch die Beratungen des Bundestages in der 181. Sitzung vom 14. Dezember 1956, Verhandlungen des Dt. Bundestages. Bd. 33, Stenogr. Berichte, S. 9994.

[16] Einen kurzen Überblick über den Inhalt des Vertrages gibt der Generalbericht des Ausschusses für auswärtige Angelegenheiten, Verhandlungen des Dt. Bundestages, Bd. 33, Stenogr. Berichte, S. 10040 f.

chung der Mosel zu. Daraufhin gab der Landtag des Saarlandes am 14. Dezember 1956 die Beitrittserklärung nach Art. 23 S. 2 GG ab[17]. Dem waren eine Vielzahl von Konsultationen zwischen den Regierungen des Saarlandes und der Bundesrepublik Deutschland vorausgegangen, welche sich unter anderem mit der Wahrung des sozialen Besitzstandes der saarländischen Bevölkerung in einem geeinten Deutschland befaßten[18]. Gerade die damit verbundenen Fragen waren bis zum Schluß auch zwischen den Parteien des Deutschen Bundestages heftig umstritten[19]. Nach § 1 Abs. 2 S. 1 des Gesetzes über die Eingliederung des Saarlandes vom 23. Dezember 1956[20] wurde das Saarland mit Wirkung zum 1. Januar 1957 staatsrechtlich ein Teil der Bundesrepublik Deutschland. Dabei handelte es sich aber erst um eine politische Eingliederung. In wirtschaftlicher Hinsicht blieb das Saarland während einer auf drei Jahre befristeten Übergangsregelung vor allem durch eine Währungs- und Zollunion mit Frankreich verbunden. Aus diesem Grund und wegen der berechtigten Interessen des Saarlandes war eine vollständige Inkraftsetzung des Grundgesetzes zum 1. Januar 1957 nicht möglich. Diesen Umstand berücksichtigt das Eingliederungsgesetz in zahlreichen Punkten[21]. So sieht etwa § 2 des Gesetzes über die Eingliederung des Saarlandes bis zum Ablauf der Wahlperiode des 2. Deutschen Bundestages ein besonderes Wahlverfahren für die Entsendung der saarländischen Abgeordneten vor. § 6 dieses Gesetzes ermächtigt das Saarland auf dem Gebiet der konkurrierenden Gesetzgebung mit Zustimmung der Bundesregierung partielles Bundesrecht zu schaffen, damit gleichartige Regelungen im gesamten Bundesgebiet gleichen Rang besitzen. Schließlich enthält § 10 eine Reihe von Sonderregelungen hinsichtlich der Finanzverfassung des Grundgesetzes, welche der für eine Übergangszeit fortbestehenden wirtschaftlichen Trennung Rechnung tragen.

---

[17] Vgl. ABl. 1956, S. 1645.

[18] Siehe dazu die Äußerungen der Abgeordneten *Schmitt* (SPD) und *Storch* (Bundesminister für Arbeit) in der 181. Sitzung des Dt. Bundestages vom 14. Dezember 1956, Verhandlungen des Dt. Bundestages, Bd. 33, Stenogr. Berichte, S. 10002 ff.

[19] Vgl. nur die Diskussion in der 181. Sitzung des Dt. Bundestages vom 14. Dezember 1956, Verhandlungen des Dt. Bundestages, Bd. 33, Stenogr. Berichte, S. 9997 ff.

[20] BGBl I, 1011.

[21] Mit dieser Problematik befaßt sich vor allem der schriftliche Bericht des Ausschusses für Angelegenheiten der inneren Verwaltung vom 14. Dezember 1956, Verhandlungen des Dt. Bundestages, Bd. 33, Stenogr. Berichte, S. 10087 ff.

II. Der Weg nach Art. 146 GG (Zusammentritt)

1. Gemäß Art 146 GG verliert das Grundgesetz der Bundesrepublik Deutschland seine Gültigkeit an dem Tag, an dem eine ("gesamtdeutsche"[22]) Verfassung in Kraft tritt, die von dem deutschen Volk in freier Entscheidung beschlossen worden ist. Die Wiedervereinigung Deutschlands erfolgt hier durch freiwilligen Zusammentritt der getrennten Teile in einem einzigen Akt. Die Bestimmung ist also gleichsam die Schlußklammer zur Präambel. Eine Verpflichtung, bei Vorliegen der Voraussetzungen von Art. 146 GG diesen Weg zu gehen, besteht – wie schon erwähnt[23] – nicht. Aber er ist als eine Möglichkeit vom Grundgesetz *gleicherweise* vorgesehen wie eine Vereinigung nach Maßgabe des Art. 23 S. 2 GG.

Der dreifache Sinn des Art. 146 GG wird von Friedrich August Frh. von der Heydte[24] kurz und bündig so beschrieben: Er eröffnet der Bundesrepublik Deutschland den Weg zu einer gesamtdeutschen Verfassung, er stellt sicher, daß diese Verfassung auf demokratischem Wege zustande kommt, und er verhindert, daß zeitlich eine Lücke zwischen alter bundesrepublikanischer und neuer gesamtdeutscher Verfassung, d.h. also ein verfassungsloser Zustand, entsteht.

2. Art. 146 GG handelt vom deutschen Volk, das sich eine (gesamtdeutsche) Verfassung gibt. Die Bestimmung geht von einem existierenden deutschen Staat aus. Denn das Geben einer Verfassung und die Bildung eines Staates ist nicht das gleiche. Der Staat liegt vor der Verfassung; es ist das Volk dieses Staates, das die verfassunggebende Gewalt ausübt[25]. Die gesamtdeutsche Verfassung wird danach vom *gesamten deutschen Staatsvolk* beschlossen[26].

---

[22] BVerfGE 36, 1/16.

[23] *Scheuner*, DÖV 1953, S. 581; *Maunz*, DÖV 1953; S. 647 f; vgl. auch noch *F. Klein*, in: Gedächtnisschrift für W. Jellinek, S. 131 sowie *Michael Kim*, in: von Münch (Hrsg.), Grundgesetz-Kommentar, Bd. 3, 2. Aufl. (1983), Art. 146, RdNr. 7.

[24] Die staatsrechtliche Problematik der Wiedervereinigung, "Bundesländerdienst", Nr. 1 vom 7. Januar 1954, S. 3: zitiert nach *F. Klein*, in: Gedächtnisschrift für W. Jellinek, S. 136.

[25] *Rolf Grawert*, Staatsvolk und Staatsangehörigkeit, in: Isensee / Kirchhof (Hrsg.), Handbuch des Staatsrechts I (1987), § 14, RdNr. 21 m.w.N.

[26] *Paul Kirchhof*, Die Identität der Verfassung in ihren unabänderlichen Inhalten, in: Isensee / Kirchhof (Hrsg.), Handbuch des Staatsrechts I (1987), RdNrn. 55 f., 60; *Rupert Scholz*, Der Status Berlins, ebenda, § 9, RdNr. 9. Vgl. auch *Dieter Murswiek*, Die verfassunggebende

Art. 146 zielt nicht auf Staatsbildung, sondern – wie auch Art. 23 S. 2 GG und die Präambel – auf staatsrechtliche Kontinuität[27], und zwar unter Bezug auf das Fortbestehen des Deutschen Reiches über den 8. Mai 1945 hinaus[28].

Ist der Staat "die vorgegebene Materie", so ist die Verfassung die "Form"[29]; sie gestaltet ihn, organisiert seine Handlungsabläufe, setzt ihn eben in eine bestimmte "Verfassung"[30].

3. Ein derartiger Neuanfang verlangt allerdings zwingend, daß die Entscheidung der verfassunggebenden Gewalt nach oder mindestens im Zusammenhang mit der Wiedervereinigung getroffen wird, was im übrigen zugleich auch ein entscheidender Unterschied zu Art. 23 S. 2 GG ist[31].

Problematisch erscheint, unter welchen Gegebenheiten diese Bedingung seiner Anwendbarkeit eingetreten ist. Nach Friedrich Klein[32] kann der Ausdruck "Wiedervereinigung Deutschlands" in einem dreifachen Sinne verstanden werden: "Erstens im engeren Sinne der friedlichen Wiederherstellung der deutschen Einheit durch die ... Vereinigung der Bundesrepublik Deutschland mit der Deutschen Demokratischen Republik, zweitens im weiteren Sinne der ... Wiedergewinnung jener Teile des Deutschen Reiches, die seit 1945 einer fremden Verwaltung unterstellt sind und drittens im weitesten Sinne der Wiederherstellung der gesamtdeutschen Einheit, also der

---

Gewalt nach dem Grundgesetz der Bundesrepublik Deutschland (1978), S. 59 f., 105 ff. sowie BVerfGE 36, 1/16; E 77, 137/151.

[27] *Maunz*, in: Maunz / Dürig, Kommentar zum Grundgesetz, Art. 146, RdNrn. 1, 21; *Scheuner*, DÖV 1953, S. 581; *Murswiek*, Die verfassunggebende Gewalt, S. 32 (unter zutr. Verweis auch auf die Präambel).

[28] Dieses Fortbestehen ist im wesentlichen unbestritten. Vgl. insbes. BVerfGE 36, 1/15 ff.; E 77, 137/154 ff. sowie etwa *Rudolf Bernhardt*, Die deutsche Teilung und der Status Gesamtdeutschlands, in: Isensee / Kirchhof (Hrsg.), Handbuch des Staatsrechts I (1987), § 8, RdNrn. 5 ff.

[29] *Josef Isensee*, Staat und Verfassung, in: Isensee / Kirchhof (Hrsg.), Handbuch des Staatsrechts I (1987), § 13, RdNr. 8.

[30] *Kirchhof*, in: Handbuch des Staatsrechts I, § 19, RdNrn. 18 ff. m.w.N.

[31] Vgl. auch *Werner Weber*, Die Frage der gesamtdeutschen Verfassung (1950), S. 5; *Scheuner*, DÖV 1953, S. 582; *F. Klein*, in: Gedächtnisschrift für W. Jellinek, S. 129; *Maunz*, DÖV 1953, S. 647; w.N. bei *Hans Dichgans*, Eine verfassunggebende Nationalversammlung?, ZRP 1968, S. 62.

[32] in: Gedächtnisschrift für W. Jellinek, S. 119.

A) Beitritt oder Zusammentritt

Wiedervereinigung sämtlicher dem Deutschen Reich in den Grenzen vom 31. Dezember 1937 zugehörig gewesenen deutschen Gebieten."

Seiner Intention nach zielt Art. 146 GG auf eine Wiedervereinigung aller Teile Deutschlands. Dies spricht für eine territoriale Anknüpfung unter Einbeziehung aller zum Deutschen Reich nach dem Stande vom 31. Dezember 1937 gehörenden Gebiete. Dazu zählen neben der DDR auch die Gebiete jenseits der Oder-Neiße-Linie. Wenn daraus gefolgert werden könnte, daß die Möglichkeit einer Verfassunggebung nach Art. 146 GG nur bei einer Vereinigung "aller" Teile Deutschlands gegeben ist[33], bliebe für ein Zusammenwachsen der beiden deutschen "Teilstaaten", der BR Deutschland und der DDR, nur der Weg des Beitritts nach Art. 23 S. 2 GG offen. Das Schrifttum bezieht zu diesem Problem eine widersprüchliche Position. Einigkeit besteht auf der einen Seite insofern, als mit der Wiedervereinigung die Vollendung der territorialen Einheit Deutschlands gemeint ist. Im Widerspruch dazu soll auf der anderen Seite der Anwendungsbereich des Art. 146 GG aber bereits bei einer Vereinigung der BR Deutschland und der DDR eröffnet sein[34]. Eine Nichteinbeziehung der Gebiete jenseits der Oder-Neiße-Linie wird als unschädlich angesehen, weil sie nach den heutigen Gegebenheiten nicht überwiegend von Deutschen bewohnt werden und ihre Eingliederung in absehbarer Zeit nicht zu erwarten sei[35]. Bei einer derartigen Interpretation tritt die territoriale Anknüpfung an das Gebiet des Deutschen Reiches weitgehend in den Hintergrund. Für diese Deutung spricht der Wortlaut des Art. 146 GG. Im Gegensatz zu Art. 23 S. 2 und Art. 116

---

[33] Vgl. *Maunz*, in: Maunz / Dürig, Kommentar zum Grundgesetz, Art. 146, RdNr. 10: "Art. 146 GG geht ... von einem freiwilligen Zusammentritt aller getrennter Teile in einem einzigen Akt aus."

[34] Siehe etwa *von Mangoldt / Klein*, Das Bonner Grundgesetz, Bd. I, Art. 23, Anm. IV, 1; *Andreas Hamann / Helmut Lenz*, Das Grundgesetz für die Bundesrepublik Deutschland, 3. Aufl. (1970), Art. 146, RdNr. 3; *Ress*, in: Handbuch des Staatsrechts I, § 11, RdNr. 63; *Karl-Heinz Seifert*, in: Seifert / Hömig (Hrsg.), Grundgesetz für die Bundesrepublik Deutschland, 3. Aufl. (1988), Art. 146, RdNr. 1.

[35] In diesem Sinne äußert sich etwa *Seifert*, in: Seifert / Hömig, Grundgesetz, Art. 146, RdNr. 1. Vgl. auch *Erich Küchenhoff*: Die Verfassungsmäßigkeit des Warschauer Vertrages, in: Presse- und Informationsamt der Bundesregierung (Hrsg.), Bulletin vom 8. Dezember 1970, S. 1823; *Edzard Schmidt-Jortzig*, Der verfassungsrechtliche Gehalt des Warschauer Vertrages vom 7. 12. 1970 und seine völkerrechtlichen Bezüge, Der Staat 10 (1971), S. 326 ff.; *Everhardt Franßen*, Grundgesetz und Ostverträge, DRiZ 1972, S. 116 f. die bei der Frage nach der Verfassungsmäßigkeit der Ostverträge für eine Berücksichtigung faktischer Gegebenheiten bei der Interpretation des Wiedervereinigungsgebotes plädieren.

Abs. 1 GG läßt diese Bestimmung keine Gebietsstandsumgrenzung erkennen[36], sondern stellt mit dem deutschen Volk das personale Staatselement in den Vordergrund. In die gleiche Richtung deutet eine historisch-genetische Auslegung dieser Norm. Der Parlamentarische Rat befaßte sich eingehend mit dem Subjekt der Verfassunggebung, enthielt sich aber zugleich einer gebietsbezogenen Fixierung. Das ändert allerdings nichts an der Tatsache, daß personelle und territoriale Elemente nicht völlig voneinander abstrahiert werden können, ohne den Anwendungsbereich des Art. 146 GG aufzulösen. Auch der Widerspruch zu Satz 3 der Präambel des Grundgesetzes, der eine Aufforderung an das "gesamte Deutsche Volk" zur Vollendung der Einheit Deutschlands enthält, bleibt ungeklärt. Die Verfassungspraxis setzt sich im Anschluß an das Schrifttum über diese Interpretationsschwierigkeiten hinweg, indem sie die Vereinigung der beiden deutschen Staaten stillschweigend als klassischen Anwendungsfall des Art. 146 GG ansieht[37]. Angesichts der Verfestigung dieses Standpunkts sind für die politischen Entscheidungsträger Vorgaben entstanden, die eine abweichende Deutung des Art. 146 GG kaum zulassen.

4. Schließlich muß die gesamtdeutsche Verfassung in "freier Entscheidung" beschlossen werden. Nur unter dieser Bedingung wird nach allgemeiner Meinung ein gesamtdeutscher pouvoir constituant originär wirksam, der eine neue Verfassung, also eine verfaßte neue Ordnung, in einem zusammenhängenden Verfahren als ein unteilbares Ganzes konstituiert. Und erst bei Erfüllung dieser Voraussetzung einer "freien Entscheidung" kann die neue Verfassung das Grundgesetz außer Kraft setzen.

5. Eine exakte Fixierung des Zeitpunkts, an dem das Grundgesetz seine Gültigkeit verliert, läßt sich dem Wortlaut des Art. 146 GG nicht ohne weiteres entnehmen. Die Beantwortung dieser Frage kann für die staatsrechtliche Stellung der Bundesländer in der Zeit des Übergangsverfahrens von entscheidender Bedeutung sein. Denkbar wäre, daß insoweit die allgemeine Staatslehre einen Lösungsansatz bietet. Ein Bundesstaat entsteht durch Zusammenschluß mehrerer selbständiger Staaten. Dabei behalten die sich verbindenden Staaten ihre Staatspersönlichkeit, zugleich bildet sich mit dem

---

[36] Dies unterstreicht auch *Ress*, in: Handbuch des Staatsrechts I, § 11, RdNr. 63.

[37] Vgl. etwa auch *Ernst Benda*, Einheit durch Dialog, in: Wirtschaftswoche vom 16. März 1990, S. 172 sowie *Böckenförde / Grimm*, in: Der Spiegel 1990 Nr. 10, S. 75.

A) Beitritt oder Zusammentritt

Bund ein neuer, übergeordneter Staat[38]. Dies hat zur Folge, daß die Staatsgewalt der Länder in dem in der Gesamtverfassung bestimmten Ausmaß gegenüber der Bundesgewalt gegenständlich begrenzt ist. Nur im Rahmen des bundesstaatlichen Gesamtgefüges können sich die Länder entfalten. Mit einer Auflösung des bisherigen Bundesstaates erlischt die Staatsgewalt des Bundes. Im Gegenzug erstarkt die Staatsgewalt der bisherigen Bundesländer. Damit ist aber noch nichts über ihre Stellung beim Übergang von einer zu einer anderen Bundesverfassung gesagt. Die allgemeine Staatslehre kann für diese Fallgestaltung auch keine generell gültigen Regeln aufstellen, weil die vielfältigen Erscheinungsformen des Bundesstaats und die potentiellen Modalitäten einer Verfassungsersetzung jeder allgemeinverbindlichen Aussage entgegenstehen. So ist beispielsweise entscheidend, ob sich der neue Bund auf einen Vertrag der Länder oder auf einen staatserzeugenden Akt des Volkes gründet. Aus diesem Grund sind für die hier interessierenden Fragen die Vorgaben der in Frage stehenden Verfassungsordnung maßgeblich. Die Geltungsdauer des Grundgesetzes kann daher nur durch Auslegung des Art. 146 GG ermittelt werden. Dabei besteht im wesentlichen Einigkeit darüber, daß die Bestimmung eine zeitliche Lücke zwischen bundesrepublikanischer und gesamtdeutscher Verfassung, einen verfassungslosen Zustand also, gerade verhindern wollte, das Grundgesetz dementsprechend erst in dem Zeitpunkt außer Kraft tritt, zu dem die gesamtdeutsche Verfassung ihr eigenes Inkrafttreten festlegt[39]. Andernfalls bestünde auch die Gefahr, daß die vom Grundgesetz statuierten Erfordernisse für das Zustandekommen einer neuen Verfassung umgangen werden.

Es gibt also im Verlauf des Übergangsverfahrens keine "logische Sekunde", in der die Bundesländer die volle Selbständigkeit zurückerhalten und auch die Entscheidung darüber treffen könnten, ob sie einem gesamtdeutschen (Bundes-) Staat angehören wollen oder nicht.

---

[38] Vgl. insbes. *Klaus Stern*, Das Staatsrecht der Bundesrepublik Deutschland, Bd. I, 2. Aufl. (1984), S. 19, I, 1, a, m.w.N. sowie etwa *Maunz*, Deutsches Staatsrecht, 2. Aufl. (1952), S. 112.

[39] Vgl. bereits oben 1. Kap., A, II, 1 sowie *Scheuner*, DÖV 1953, S. 582; *F. Klein*, in: Gedächtnisschrift für W. Jellinek, S. 130 f.; *Hamann / Lenz*, Kommentar zum Grundgesetz, 3. Aufl. (1970), Art. 146, Anm. B, 5; *Stern*, Staatsrecht I, § 5, IV, 7, a; BVerGE 5, 85/128 f.

III. Das Verhältnis von Art. 23 S. 2 und Art. 146 GG

Soweit von Art. 23 S. 2 GG in der Form Gebrauch gemacht wird, daß lediglich ein "anderer Teil" Deutschlands (z.B. Thüringen) oder auch mehrere "andere Teile" (z.B. auch Sachsen und Mecklenburg) beitreten, gilt ausschließlich, auch für den oder die anderen Teile Deutschlands, das Grundgesetz. Dementsprechend ist eine Verfassungsänderung nur im Rahmen des Art. 79 GG zulässig; eine Totalrevision ist dagegen ebenso ausgeschlossen wie eine (neue) gesamtdeutsche Verfassung nach Art. 146 GG.

Das Verhältnis zwischen den beiden Bestimmungen wird aber für den Fall problematisch, daß nach Art. 23 S. 2 GG die gesamte DDR in einem Akt oder, nach einer (Neu-) Einrichtung der dortigen Länder, alle Länder der DDR sowie auch die weiteren Teile Deutschlands in den Grenzen von 1937 beitreten. Die Vereinigung Deutschlands wäre dann – unter dem Grundgesetz – vollendet (vgl. Präambel des Grundgesetzes) und es stellt sich die Frage, welche Bedeutung dem Art. 146 GG unter diesen Gegebenheiten verbleibt.

Für das Vereinigungsverfahren jedenfalls, dies liegt auf der Hand, hat er keine Bedeutung (mehr); denn sie ist bereits vollzogen. Nach wie vor eröffnet Art. 146 GG jedoch, solange er nicht aufgehoben wurde, zumindest *formal* die Möglichkeit, dem wiedervereinigten deutschen Gesamtstaat eine (endgültige) Verfassung i.S. einer neuen Grundordnung zu geben. Das ändert allerdings in keiner Weise etwas an der Tatsache, daß ein deutscher Gesamtstaat unter den geschilderten Gegebenheiten einer Vereinigung nach Art. 23 S. 2 GG bereits eine Grundordnung, nämlich das Grundgesetz, besitzt, und zwar aktuell *ohne Gültigkeitseinschränkung*. Diese Auffassung wird nicht nur durch Art. 23 S. 2 GG, sondern auch durch Satz 2 der Präambel des Grundgesetzes gestützt, wonach das Deutsche Volk in den Ländern der ehemaligen westlichen Besatzungszonen "auch für jene Deutschen gehandelt (hat), denen mitzuwirken versagt war". Gewiß kann die Bestimmung nicht so verstanden werden, daß die Schöpfer des Grundgesetzes rechtlich eine Stellvertretung bei der Ausübung der verfassunggebenden Gewalt beanspruchten[40] und ohne Zweifel nimmt das Grundgesetz unmittelbare rechtliche Geltung nur in den elf Ländern der ehemaligen westlichen Besatzungs-

---

[40] Vgl. dazu die Nachweise bei *Murswiek*, Die verfassunggebende Gewalt, S. 65 f.

zonen Deutschlands und – mit Vorbehalten – in West-Berlin in Anspruch[41]. Die Regelung bringt jedoch eindeutig zum Ausdruck, daß das "handelnde Teilvolk bei der Verabschiedung des Grundgesetzes mit dem politischen Willen des gesamten Volkes, nämlich dem Willen, die Einheit zu wahren und zu vollenden, übereingestimmt habe"[42]. Die Schaffung des Grundgesetzes galt als gesamtdeutsche Angelegenheit[43]. In diesem Sinne war es – wie Scheuner[44] betont – die Absicht des Grundgesetzes, eine Ordnung für den ganzen deutschen Bereich innerhalb der Grenzen vom 31. Dezember 1937 aufzurichten. Der Parlamentarische Rat sei von dem Wunsche getragen worden, für die Geltungsdauer des Grundgesetzes eine für ganz Deutschland geltende (Grund-) Ordnung zu schaffen. Anders wäre die Regelung in Art. 23 S. 2 GG auch nicht verständlich. Der schon immer vorhandene Wille der Deutschen, "denen mitzuwirken versagt war" (Präambel des Grundgesetzes, S. 2), wird mit dem Beitritt nach Art. 23 S. 2 GG verwirklicht, konkret umgesetzt, und zwar akkurat mit dem Ziel, das Grundgesetz (auch) als "ihre" Verfassung gleichsam nachträglich anzuerkennen.

Das Dilemma ist offensichtlich. Einerseits hat Gesamtdeutschland über Art. 23 S. 2 GG im Grundgesetz die Verfassung, die insgesamt von den "andereren Teilen" durch den Akt des Beitritts anerkannt ist, andererseits weist Art. 146 GG nach wie vor den Weg in eine neue gesamtdeutsche Verfassung. Eine salomonische Lösung scheint auf den ersten Blick der Vorschlag Häberles[45] für einen "kombinierten Verfahrensgang" zu sein, wonach Ost-Deutschland "dem Grundgesetz unter dem *Vorbehalt*" beitritt, daß damit Art. 146 GG nicht hinfällig wird und dabei mit der Bundesrepublik zugleich über etwaige Teilrevisionen des Grundgesetzes eine Verständigung herbeiführt. Den Vorteil dieser Lösung sieht Häberle offenbar darin, daß man auf diese Weise das aufwendige Verfahren des Art. 146 GG zunächst vermeiden könnte, also dem Zeitfaktor Rechnung trüge und gleichzeitig sicherstellte, daß sich die DDR *paritätisch* in den Gesamtstaat einbringe. Häberle über-

---

[41] Vgl. auch *W. Weber*, Die Frage der gesamtdeutschen Verfassung, S. 6 sowie etwa *F. Klein*, in: Gedächtnisschrift für W. Jellinek, S. 121.

[42] *Murswiek*, Die verfassunggebende Gewalt, S. 67.

[43] *W. Weber*, Die Frage der gesamtdeutschen Verfassung, S. 6; *von Mangoldt*, Das Bonner Grundgesetz, Kommentar (1953), Präambel, Anm. 4; *von Mangoldt / Klein*, Das Bonner Grundgesetz, Bd. I, Präambel, Anm. X.

[44] Der Kampf um den Wehrbeitrag (1952 – 1958), Bd. 3, S. 332.

[45] JZ 1990, Heft 8.

sieht jedoch, daß der besonders hohe Zeitaufwand bei Art. 146 GG nicht durch Übergangsregelungen, Anpassungsbestimmungen u.ä. verursacht wird; dieser Aufwand entsteht auch bei einer Vereinigung nach Art. 23 S. 2 GG. Der springende Punkt eines Verfahrens nach Art. 146 GG ist gerade die Frage, ob und inwieweit das Grundgesetz einer neuen gesamtdeutschen Verfassung als Konzeptgrundlage dienen soll und inwieweit Änderungen anzustreben sind. Wird die Diskussion darüber, im Blick auf eine jetzt oder später (nach einem Beitritt gem. Art. 23 S. 2 GG) zu schaffende gesamtdeutsche Verfassung, erst einmal eröffnet, gleichgültig in welcher verfahrensrechtlichen Form, dann läßt sich ein Ende nicht absehen. Zugleich dürfte diese Diskussion auch eine *destabilisierende Wirkung* auf das Grundgesetz als unsere Grundordnung verursachen, weil rechts-, in diesem Fall verfassungspolitische Erörterungen vor allem grundsätzlicher Art naturgemäß Vorwirkungen entfalten. Einer solchen Stufenlösung gegenüber müßte sogar der sofortige Weg über Art. 146 GG noch der Vorzug gegeben werden, weil diese Alternative, so risikoreich sie wäre[46], wenigstens keine falschen Hoffnungen wecken und jedermann deutlich machen würde, daß ein Vollzug der Wiedervereinigung in absehbarer Zeit nicht stattfindet.

Wenn man überhaupt das Verhältnis Beitritt-Zusammentritt als eine Stufung qualifizieren möchte, wären die beiden Stufen jedenfalls klar voneinander zu trennen: zunächst der Beitritt, gewiß mit entsprechenden Übergangsregelungen, aber im Prinzip ohne Wenn und Aber; sodann, deutlich geschieden davon und zu einem späteren Zeitpunkt, die Konstituierung einer neuen gesamtdeutschen Verfassung. Die Kernfrage bleibt jedoch, ob man eine solche Stufung zwischen Art. 23 S. 2 und Art. 146 GG annehmen kann. Ist die Einheit Deutschlands nämlich nach Art. 23 S. 2 GG unter dem Grundgesetz vollendet, dann hat sich eben das "deutsche Volk in freier Entscheidung" bereits zum Grundgesetz als gesamtdeutscher Verfassung bekannt[47], so daß das Ziel des Art. 146 als Ausformung des Wiedervereinigungsgebotes erfüllt ist. Art. 146 GG wird nicht mehr gebraucht und hat sich *verbraucht*. Ein anderer Standpunkt ließe sich allenfalls dann vertreten, wenn ein weiteres Ziel des Art. 146 GG gerade darin zu sehen wäre, daß er das deutsche Volk durch eine neue Verfassung von der "Ewigkeitsgarantie"

---

[46] Dazu noch unten 2. Kap., B.

[47] Vgl. in diesem Zusammenhang etwa den knappen Hinweis bei *Hamann / Lenz*, Kommentar zum Grundgesetz, Art. 146, Anm. B, 1 m.N. sowie *Kirn*, in: von Münch, Grundgesetz-Kommentar, Bd. 3, Art. 146, RdNr. 4 m.N. und *Fromme*, FAZ vom 5. April 1990.

des Art. 79 Abs. 3 GG "befreit". Dies ist sicher nicht der Fall[48]. Die übrigen grundgesetzlichen Bestimmungen lassen sich aber im regulären Verfahren nach Art. 79 Abs. 1 und 2 GG ohnehin ändern, so daß auch von daher eine neue Verfassung keinen Sinn macht. Tatsächlich wären gerade die Vorschläge, die Häberle[49] "für eine neue gesamtdeutsche Verfassung auf der Basis des Grundgesetzes" unterbreitet, sämtlich ebenso in einem Verfassungsänderungsverfahren auf der Basis des Grundgesetzes zu verwirklichen: das gilt für die neuen Präambelelemente, den Einbau von Elementen plebiszitärer Demokratie und die Verankerung der "sozialen Marktwirtschaft" ebenso wie für eine Kulturstaatsklausel, ein Staatsziel "Arbeit" oder ein Staatsziel "Umweltschutz".

IV. Die Vereinigung Deutschland und das europäische Gemeinschaftsrecht

Das Recht der Europäischen Gemeinschaften steht einer Wiedervereinigung Deutschlands nach Art. 23 S. 2 oder nach Art. 146 GG nicht entgegen. Dies folgt vorrangig daraus, daß die Rechtsauffassung der BR Deutschland zur deutschen Einheit von den anderen Mitgliedstaaten der Europäischen Gemeinschaften schon bei Vertragsschluß respektiert[50] und Sonderfragen, die sich aus der deutschen Teilung ergeben, berücksichtigt werden[51]. Bei Zugrundelegung der Lehre von der Teilidentität der Bundesrepublik mit dem Deutschen Reich[52] wird man eine Vereinigung mit der DDR[53] nicht als

---

[48] Vgl. in diesem Zusammenhang auch noch 2. Kap., C, 1. Abschn., II, 2.

[49] JZ 1990, Heft 8.

[50] *Hans-Peter Ipsen*, Europäisches Gemeinschaftsrecht (1972), S. 96 m. Verw. auf *E. Wohlfahrth*, in: Wohlfarth / Eveling / Glaesner / Sprung (Hrsg.), Die Europäische Wirtschaftsgemeinschaft. Kommentar zum Vertrag (1960), S. 586, *Christian Tomuschat*, EWG und DDR. Völkerrechtliche Überlegungen zum Sonderstatus des Außenseiters einer Wirtschaftsunion, EuR 1969, S. 298 ff. sowie ausführlich *Wilfried Berg*, Zonenrandförderung (1989), S. 107 ff.

[51] Vgl. insbes. "Protokoll über den innerdeutschen Handel und die damit zusammenhängenden Fragen vom 25. März 1957" (BGBl 1957 II, 984). Die personale Erstreckung insbes. der Freizügigkeiten ergibt sich aus der "Erklärung der Bundesregierung über die Bestimmung des Begriffs 'deutsche Staatsangehörigkeit'" (BGBl 1957 II, 764), die auf Art. 116 GG verweist. Bei Berücksichtigung des "genuine connection" – Erfordernisses der Nottebohm-Entscheidung des IGH (ICJ-Reports 1955, S. 4, 20, 23) können sich Deutsche in der DDR dann darauf berufen, wenn sie auf das Hoheitsgebiet der Bundesrepublik Deutschland kommen.

[52] Dazu insbes. BVerfGE 36, 1/16; E 77, 137/155 f.

[53] Daß die DDR noch nicht zum Vertragsgebiet der Europäischen Gemeinschaften gehört,

Beitritt eines neuen Staates (Art. 237 EWGV), sondern, ausgehend von der Idee der beweglichen Vertragsgrenzen i.S.d. Art. 227 EWGV, als Erweiterung des Gebietes der Europäischen Gemeinschaften verstehen müssen[54]. Ergänzend kann schließlich noch angeführt werden, daß sich die Bundesregierung im Rahmen der Verhandlungen über die Römischen Verträge die Berufung auf eine clausula rebus sic stantibus[55] vorbehalten hat[56].

Die eigentlichen Probleme einer Erweiterung der Europäischen Gemeinschaften um die DDR liegen im Detail. Zwar wird sich eine Änderung der Verträge, die im Wege der Ergänzung über Art. 235 EWGV zu erfolgen hätte, angesichts der schon bisher durch die Bundesrepublik vorbehaltene Sonderstellung der DDR erübrigen. Auch das Problem der notwendigen staatlichen Beihilfen (Art. 92 ff. EWGV) dürfte sich über Genehmigungen der Kommission zur Strukturanpassung oder über eine entsprechende Anwendung des die Zonenrandförderung betreffenden Art. 92 I 2 c EWGV relativ rasch lösen lassen. Die eigentlichen Schwierigkeiten werden auf der Ebene des Sekundärrechts liegen, vor allem auf der Ebene der bundesdeutschen Gesetze und Verordnungen, über die die Bundesrepublik kraft ihrer Verpflichtungen im europäischen Rahmen nicht mehr verfügen kann (z.B. Umweltrecht).

---

kann mittlerweile als unstreitig bezeichnet werden: vgl. *Tomuschat*, EuR 1969, S. 299 f.

[54] *H.-P. Ipsen*, a.a.O., S. 96, spricht davon, daß die Gemeinschaften "in der BRD einen Mitgliedstaat (haben), dessen Grenzen hinsichtlich des Gemeinsamen Marktes nach Osten hin offen ist." Vgl. auch *Ulrich Everling*, Der Weg nach Deutschland ist langwierig, FAZ vom 15. März 1990.

[55] *Leontin-Jean Constantinesco*, Das Recht der Europäischen Gemeinschaft. Bd. 1 (1977), S. 182 f., FN 89; *Wohlfahrt*, in: Die Europäische Wirtschaftsgemeinschaft, S. 586.

[56] Die Bundesregierung geht von der Möglichkeit aus, daß im Falle der Wiedervereinigung Deutschlands eine Überprüfung der Verträge über den Gemeinsamen Markt und EURATOM stattfindet. Nach *Constantinesco*, a.a.O., S. 183 f., beinhaltet die Formulierung 'Überprüfung der Verträge' alle Möglichkeiten der Beteiligung oder Nichtbeteiligung des wiedervereinigten Deutschlands an diesen Verträgen, also auch die Möglichkeit einer Sezession.

V. Die Vereinigung Deutschlands und die Siegermächte

Alle vier Mächte haben sich nach 1949 in Verträgen mit der BR Deutschland und der DDR verpflichtet, auf eine Wiedervereinigung hinzuwirken[57].

Die Rechtsstellung der vier alliierten Siegermächte gegenüber der BR Deutschland und der DDR ist indes vor allem im Hinblick auf eine Vereinigung beider Staaten unklar. Zwar haben die drei Westmächte im Deutschlandvertrag genauso wie die UdSSR im Moskauer Vertrag jeweils in Art. 1 der Bundesrepublik wie der DDR grundsätzlich die volle Souveränität in inneren und äußeren Angelegenheiten zuerkannt. Beide Verträge enthalten aber keine genauen Bestimmungen darüber, was im Falle einer Vereinigung beider Staaten gelten solle. Im Moskauer Vertrag spricht Art. 5 von einem gemeinsamen Handeln bezüglich einer Wiedervereinigung Deutschlands[58]. Im Deutschlandvertrag normiert Art. 2 einen "Vorbehalt"[59] hinsichtlich der "bisher von ihnen (sc. der vier Mächte) ausgeübten oder innegehabten Rechte und Verantwortlichkeiten in Bezug auf Berlin und auf Deutschland als Ganzes einschließlich der Wiedervereinigung Deutschlands und einer friedensvertraglichen Regelung". Dieser Vorbehalt wird heute aus zweierlei Gründen nicht mehr so gelten wie zur Zeit des Vertragsschlusses. Zum einen spricht Art. 2 selbst davon, daß der Vorbehalt im "Hinblick auf die internationale Lage, die bisher die Wiedervereinigung Deutschlands und den Abschluß eines Friedensvertrages verhindert hat", erklärt wird; zum anderen muß die Frage gestellt werden, ob Art. 2 im Laufe der fast 40 Jahre seit seiner Formulierung nicht durch einen "subsequenten Vertragswillen" geändert wurde[60].

---

[57] Art. 7 Abs. 1 Vertrag über die Beziehungen zwischen der Bundesrepublik Deutschland und den drei Mächten vom 26. Mai 1952 (im folgenden "Deutschlandvertrag") und Art. 5 Vertrag über die Beziehungen zwischen der Deutschen Demokratischen Republik und der Union der Sozialistischen Sowjetrepubliken vom 20. September 1953 (sog. "Moskauer Vertrag"). Siehe dazu *Berg*, Zonenrandförderung, S. 88 ff.

[58] *Rees*, Die Rechtslage Deutschlands nach dem Grundlagenvertrag vom 12. Dezember 1972 (1978), ist der Auffassung, daß die Regelungen des Moskauer Vertrages den Fortbestand der DDR voraussetzen, was aber mit Art. 5 nicht in Einklang zu bringen sein dürfte.

[59] Es ist strittig, ob es sich dabei um einen Vorbehalt oder eine freiwillige Souveränitätsbeschränkung der BR Deutschland handelt: vgl. *Karl Doehring*, Bindungen der Bundesrepublik aus dem Deutschlandvertrag, NJW 1971, S. 449.

[60] *Rees*, Die Rechtslage Deutschlands nach dem Grundlagenvertrag vom 21. Dezember 1972, S. 28, FN 82.

Schließlich zeigt die politische Diskussion der letzten Monate sehr deutlich, daß sich einerseits zumindest die drei Westmächte nicht auf formale Rechtspositionen – wie weitgehend sie auch immer sein mögen – zu stützen beabsichtigen und andererseits die BR Deutschland nicht daran denkt, die Einheit ohne Mitwirkung der vier Siegermächte zu vollziehen. Problematisch erscheint lediglich die Tatsache, daß Moskau offensichtlich davon ausgeht, daß die Vereinigung unter einem Zustimmungsvorbehalt von sowjetischer Seite stehe. Gerade der Moskauer Vertrag dürfte aber einer solchen Rechtsauffassung entgegenstehen.

B) Problemstellung

Die Stellung der Bundesländer bei dem Wiedervereinigungsprozeß ist nur für den Fall zu prüfen, daß bei der Vereinigung der Weg des Zusammentritts nach Art. 146 GG gewählt wird. Die Überlegungen werden sich dabei vornehmlich auf die Frage konzentrieren, ob und inwieweit die Bundesländer an dem Prozeß zu beteiligen sind, insbesondere ob ein Zustimmungserfordernis anzunehmen ist und welche Folgen eine Ablehnung in diesem Fall hätte.

Weil bislang von keiner Seite die Forderung aufgestellt wurde, daß die gesamtdeutsche Verfassung einen Einheitsstaat konstituieren soll, kann bei der Untersuchung davon ausgegangen werden, daß der vereinigte deutsche Staat als Bundesstaat verfaßt wird.

2. Kapitel

Das Verfahren einer Verfassunggebung nach Art. 146 GG

Art. 146 GG ist in seinem Wortlaut alles andere als eindeutig. Scheuner[1] spricht von "tiefgehender Unklarheit" und Maunz[2] meint, er sei, "auch wenn man ihn in Verbindung mit der Präambel des Grundgesetzes sieht, mit schwerwiegenden Unklarheiten behaftet"[3]. Dies ändert zwar nichts an seiner unmittelbaren Rechtswirkung, erschwert aber die Interpretation, zumal auch die Entstehungsgeschichte keine aussagekräftigen Anhaltspunkte liefert[4]. Immerhin lassen sich – wie oben[5] ausgeführt – einige Feststellungen treffen, die gerade für das Verfahren von Bedeutung und im wesentlichen anerkannt sind: Die Bestimmung wird erst nach oder mindestens im Zusammenhang mit der Wiedervereinigung aktuell, der Beschluß muß in freier Entscheidung getroffen werden, es gibt keine "logische Sekunde" zwischen dem Außerkrafttreten des Grundgesetzes und dem Inkrafttreten der neuen gesamtdeutschen Verfassung und die gesamtdeutsche Verfassung wäre das Produkt einer originären pouvoir constituant. Subjekt der Verfassungserzeugung ist das deutsche Volk bzw. das Staatsvolk des deutschen Reiches.

Die Stellung der Bundesländer in einem verfassunggebenden Prozeß nach Art. 146 GG bestimmt sich wesentlich danach, ob und ggf. inwieweit originäre verfassunggebende Gewalt rechtlich gebunden ist oder gebunden werden kann.

---

[1] DÖV 1953, S. 581.

[2] DÖV 1953, S. 647.

[3] Vgl. etwa im gleichen Sinne *F. Klein*, in: Gedächtnisschrift für W. Jellinek, S. 127.

[4] Siehe JöR n.F. 1, S. 924 f. Vgl. etwa auch *Scheuner*, DÖV 1953, S. 581; *F. Klein*, in: Gedächtnisschrift für W. Jellinek, S. 131.

[5] 1. Kap., A, II.

A) Rechtliche Bindung der verfassunggebenden Gewalt

Von einer rechtlichen Bindung der pouvoir constituant kann jedenfalls nur dann die Rede sein, wenn man ihr selbst rechtliche und nicht (nur) empirisch-historische oder politische Qualität zuerkennt, sie also in den *Bereich der Normativität* einbezieht. Und schon hier scheiden sich die Geister[6].

Einigkeit besteht im wesentlichen nur darüber, daß die verfassunggebende Gewalt rechtlich nicht ableitbar ist; sie ist eben nicht (rechtlich) konstituierte, sondern (die Rechtsordnung) konstituierende Gewalt, die "Gewalt der Gewalten"[7]. Sieht man von der politologischen Konzeption verfassunggebender Gewalt[8] ab, so lassen sich über die Grundpositionen hinaus vereinfachend vor allem zwei gegenteilige Meinungen feststellen: Die eine, dem staatsrechtlichen Positivismus verhaftete Lehre, ordnet die verfassunggebende Gewalt ganz dem Bereich des Normativen zu; eine "Volksgesetzgebung außerhalb des Rahmens der Verfassung" ist für sie nicht vorstellbar[9]. Die andere Position wird vor allem von Carl Schmitt formuliert. Verfassunggebende Gewalt sei das "unorganisierbar Organisierende"; als Inhaber der konstituierenden Gewalt könne sich das Volk "nicht binden und ist jederzeit befugt, sich jede beliebige Verfassung zu geben"[10]. Das Staatsrecht wird hier für die Politik, für das Volk als eine "natürliche Macht"[11], geöffnet, so daß man von einem politischen Staatsrecht sprechen kann[12].

In ihrer Grundaussage hat sich die Lehre Carl Schmitts heute jedenfalls insoweit durchgesetzt, als verfassunggebende Gewalt als eine Urmacht mit prinzipiell unbegrenzter Machtfülle anerkannt ist. Sie sei – so formuliert

---

[6] Vgl. zum folgenden den prägnanten Aufriß zu den unterschiedlichen Meinungen und Tendenzen: *Wilhelm Henke*, Staatsrecht, Politik und verfassunggebende Gewalt, Der Staat 19 (1980), S. 181 ff. sowie insbes. *Stern*, Staatsrecht I, § 5, I.

[7] *Stern*, Staatsrecht I, § 5, I, 2, a, m.N.

[8] Vgl. etwa *Klaus von Beyme*, Die verfassunggebende Gewalt des Volkes (1968).

[9] Vgl. insbesondere *Gerhard Anschütz*, Die Verfassung des Deutschen Reiches, 14. Aufl. (1933), Art. 76, Anm. 1, 3.

[10] *Carl Schmitt*, Die Diktatur (1921), 4. Aufl. (1978), S. 140 f., 142.

[11] *Georg Jellinek*, Verfassungsänderung und Verfassungswandel (1906), S. 72 ff.

[12] Insofern mit ähnlicher Tendenz *Rudolf Smend*, Verfassung und Verfassungsrecht (1928), in: ders. (Hrsg.), Staatsrechtliche Abhandlungen, 2. Aufl. (1968), S. 119 ff. Besonders konsequent in dieser Richtung *Peter Häberle*, insbesondere: Verfassungsinterpretation und Verfassunggebung, in: ders. (Hrsg.), Verfassung als öffentlicher Prozeß (1978), S. 182.

Wilhelm Henke[13] – "der flüssige Kern des an der Oberfläche rechtlich geordneten politischen Lebens, der in alten und neuen Vulkanen ausbrechen oder Spannungen, Beben und Brüche im festen Gestein hervorrufen kann". Allerdings vermag die verfassunggebende Gewalt als politischer Wille, als Befehl, der aus einem politischen Sein hervorgeht[14] nur dadurch zu Verfassungs-Recht zu werden, daß er von den Normunterworfenen als Gelten-Sollendes anerkannt wird[15].

Als Macht im "Urzustand", als originäre Potenz, kann die verfassunggebende Gewalt weder an ein geregeltes Verfahren noch an positive Normsetzungen materieller Art gebunden sein. Sieht man vom Völkerrecht ab, so wird allein das Naturrecht, das vorstaatliche und überpositive Recht als mögliche Bindung akzeptiert[16]. Auf dieses dogmatisch schwierige Problem naturrechtlicher Schranken braucht hier nicht eingegangen zu werden. Denn auch wenn man eine derartige Beschränkung der verfassunggebenden Gewalt für möglich hält, gehören zu dem "jedem geschriebenen Recht vorausliegenden überpositiven Rechtsgrundsätzen"[17] die föderale Gliederung eines staatlichen Gemeinwesens nicht. Für unsere Zwecke ist es ausreichend, als vorläufiges Ergebnis festzuhalten: Die verfassunggebende Gewalt unterliegt keinen rechtlichen Bindungen.

B) Die Risiken bei der Konstituierung einer gesamtdeutschen Verfassung

Selbst wenn man die Bindung der verfassunggebenden Gewalt an überpositive Rechtsgrundsätze bejaht, so wird – abgesehen von den außerordentlichen Schwierigkeiten, über die Abgrenzung dieser Prinzipien einen allgemeinen Konsens herbeizuführen – mit der Erarbeitung einer gesamtdeut-

---

[13] Der Staat 19 (1980), S. 205.

[14] *Carl Schmitt*, Verfassungslehre (1928), 3. Aufl. (1957), S. 76.

[15] So *Hermann Heller*, Staatslehre (1934), 6. Aufl. (1983), S. 277, 250. Ebenso *Stern*, Staatsrecht I, § 5, I, 2, a, d, m.w.N.

[16] *Stern*, Staatsrecht I, § 5, I, 2, c, m.z.N. A.A. etwa *Carl Schmitt*, Verfassungslehre, S. 76, 84, aber auch *Henke*, Der Staat 19 (1980), insbes. S. 192. Vgl. außerdem noch *Murswiek*, Die verfassunggebende Gewalt, S. 137 ff.

[17] BVerfGE 1, 14/61.

schen Verfassung die Diskussion über die neue Grundordnung voll eröffnet werden. Die verfassunggebende Gewalt auch im Sinne des Art. 146 GG ist eine originäre Gewalt und es ist durchaus offen, ob überhaupt und wenn ja, inwieweit sie das Grundgesetz als Konzeptgrundlage annimmt. Das verfassunggebende Gremium wird seine spezifischen Eigengesetzlichkeiten entwickeln und auch eine eigene Dynamik gewinnen, so daß die Ergebnisse ihrer Überlegungen in keiner Weise vorhersehbar sind. Gewichtige Änderungen wären jedenfalls zu erwarten; denkbar sind z.B. die Konstituierung eines Einheitsstaates, die Einführung sozialer Grundrechte (als subjektive öffentliche Rechte auf Arbeit oder Wohnung u.a.), umfangreiche Plebiszite, eine Veränderung der Eigentumsgarantie, die Detaillierung und (verändernde) Ergänzung des sozialstaatlichen Prinzips oder ein Verbot der Aussperrung.

Wie realistisch derartige denkbare Veränderungen des Verfassungszustandes eines gesamtdeutschen Staates gegenüber dem der BR Deutschland sind, zeigt exemplarisch der Entwurf einer neuen Verfassung der DDR durch den "Runden Tisch" in Ost-Berlin, der noch kurz vor den Wahlen am 18. März 1990 fertiggestellt, aber nicht mehr veröffentlicht worden war. Nach Angaben der Zeitschrift "Die Welt" vom 16. März 1990 findet sich z.B. im Blick auf die Eigentumsgarantie folgende Begrenzungsregelung: "Die Beschränkungen des Eigentums erfolgen nach Maßgabe seines gesellschaftlichen Bezuges". Nach Bericht der Süddeutschen Zeitung[18] – dem Verfasser liegt der Entwurf nicht vor – soll Eigentum und Nutzung land- und forstwirtschaftlicher Flächen über 100 Hektar sogar überhaupt dem Staat, den Genossenschaften und den Kirchen vorbehalten bleiben. Besonders delikat ist die Regelung in Art. 4 Abs. 3, der das Recht der Frauen auf "selbstbestimmte Schwangerschaft" postuliert. Der Staat soll danach das ungeborene Leben nur noch durch "Angebot sozialer Hilfen" schützen.

Die Beratungen des Parlamentarischen Rates, die unter sehr viel günstigeren Bedingungen stattfanden als sie heute bestehen, geben eine Vorahnung von den Schwierigkeiten, die bei der Konstituierung einer gesamtdeutschen Verfassung zu erwarten wären. Als Beispiel seien hier etwa die Auseinandersetzungen um die Wirtschaftsverfassung genannt. Während sich CDU / CSU und FDP auf das Konzept einer sozialen Marktwirtschaft verständigt hatten, verfolgte die SPD in abgeschwächter Form den Gedanken

---

[18] Vom 9. April 1990: *Herbert Prantl*, Eine Verfassung für Übergang und Ewigkeit.

B) Die Risiken bei der Konstituierung einer gesamtdeutschen Verfassung

einer staatlich gelenkten Wirtschaft[19]. Eine verfassungsrechtliche Fixierung wirtschaftspolitischer Entscheidungen unterblieb daher. Der Streit um die Wirtschaftsverfassung war in die Auseinandersetzungen um die verfassungsrechtliche Strukturierung innerstaatlicher Lebensgemeinschaften eingebettet. Vor allem Teile der CDU / CSU verfolgten die Tendenz, diese Bereiche durch Bestimmungen über die Familien, Schulen, Kirchen und beruflichen Lebensgemeinschaften verfassungsrechtlich zu formen[20]. In Ermangelung eines Grundkonsenses kam es in diesem Punkt zu ernsthaften Differenzen, weil sich insbesondere die SPD kategorisch gegen ein Nachgeben gegenüber kirchlichen Forderungen aussprach. Die unterschiedlichen Meinungen über die Bedeutung kirchlicher Interessen standen sich nahezu unversöhnlich gegenüber. Nur mit Mühe konnte schließlich ein Kompromiß gefunden werden, der in der Übernahme der Kirchenartikel der Weimarer Reichsverfassung seinen Ausdruck fand. Im übrigen enthielt sich der Parlamentarische Rat einer umfassenden Regelung für alle Gebiete des Gemeinschaftslebens, die das Zustandekommen des Verfassungswerkes verzögert, wenn nicht gar gefährdet hätte. – Erhebliche Differenzen gab es auch bei den Beratungen über den organisatorischen Teil des Grundgesetzes. Davon war beispielsweise die Frage der Vertretung der Länder durch eine dem Bundestag gegenüberstehende zweite gesetzgebende Kammer betroffen[21]. Zur Entscheidung standen das Modell eines Bundesrates oder die Alternativlösung eines Senates. Während vor allem die SPD die Senatslösung favorisierte, setzte sich die föderalistisch gesinnte CSU für einen Bundesrat ein. Ein Kompromiß konnte letztlich nur außerhalb der institutionalisierten Gre-

---

[19] Allgemein dazu *Volker Schockenhoff*, Wirtschaftsverfassung und Grundgesetz. Die Auseinandersetzung in den Verfassungsberatungen 1945 – 1949 (1986) sowie *Reinhard Mußgnug*, Zustandekommen des Grundgesetzes und Entstehen der Bundesrepublik Deutschland, in: Isensee / Kirchhof (Hrsg.), Handbuch des Staatsrechts I (1987), § 6, RdNrn. 59 f. – Die Position der Gewerkschaften und ihren Einfluß auf die SPD und die KPD erläutert *Werner Sörgel*, Konsensus und Interessen (1969), S. 201 ff.

[20] Vgl. *W. Sörgel*, Konsensus und Interessen, S. 175 ff. und 188 ff.; *Stern*, Staatsrecht III/1 (1988), § 60, III, 4, b.

[21] Siehe JöR N.F. 1 (1951), S. 379 ff.; *Dieter Blumenwitz*, in: Bonner Kommentar, Vorbem. zu Art. 50 – 53 (1978), RdNrn. 20 ff.; *Stern*, Staatsrecht II (1980), § 27 I, 2; *Mußgnug*, in: Handbuch des Deutschen Staatsrechts I, § 6, RdNrn. 67 f.; *Brun-Otto Bryde*, Entscheidungen und Beteiligte im Gesetzgebungsverfahren, in: Schneider / Zeh (Hrsg.), Parlamentsrecht und Parlamentspraxis in der Bundesrepublik Deutschland (1989), § 30, RdNrn. 3 f.; *Konrad Reuter*, Der Bundesrat als Parlament der Länderregierungen, ebenda, § 56, RdNrn. 6 f. sowie *Martin Schürmann*, Grundlagen und Prinzipien des legislatorischen Einleitungsverfahrens nach dem Grundgesetz (1987), S. 170 ff.

mien durch ein Gespräch zwischen dem Bayerischen Ministerpräsidenten Ehard (CSU) und dem Nordrhein-Westfälischen Innenminister Menzel (SPD) gefunden werden.

Diese Differenzpunkte zu zentralen Fragen des staatlichen Gemeinschaftslebens konnten trotz langer Verhandlungen nur mühsam überbrückt werden oder blieben ungelöst, *obwohl* es zu dieser Zeit einen relativ breiten Konsens gab, der sich nicht nur als Gegensatz zum vorausgehenden Verfassungszustand der nationalsozialistischen Herrschaft bilden konnte, sondern auch durch eine lebendige Anknüpfung an die Weimarer Reichsverfassung gestützt wurde. Als weiterer günstiger Umstand kam hinzu, daß die sozialstrukturellen Disparitäten infolge des verlorenen Krieges äußerst gering waren. Auf eine so breite Basis von Gemeinsamkeiten könnte eine verfassunggebende Versammlung im Sinne des Art. 146 GG nicht zurückgreifen. Entsprechend größer wären die Schwierigkeiten. Die Bevölkerung der DDR ist nach 57 Jahren Diktatur, zunächt der national-sozialistischen und sodann der kommunistisch-sozialistischen, in ihrer breiten Mehrheit nicht in der Lage, an freiheitlich-rechtstaatliche und demokratische Traditionen anzuknüpfen. Zudem sind die sozialstrukturellen Unterschiede zwischen Bundesrepublik und DDR aufgrund der unterschiedlichen Entwicklung in beiden Teilen Deutschlands so enorm, daß die wirtschaftlichen Fragen bei einer neuen Grundordnung zwangsläufig in den Mittelpunkt rücken und damit einen unangemessen hohen Stellenwert erhalten würden. Aber nicht nur das Wohlstandsgefälle ist groß. Es wird auch noch lange Zeit in Anspruch nehmen, bis die ideologischen Gräben, die in den vergangenen vier Jahrzehnten tief gegraben wurden, aufgefüllt und eingeebnet sind[22]. Dies zeigt nicht zuletzt auch der hohe Stimmenanteil, den die PDS (SED) bei der Volkskammerwahl am 18. März 1990 für sich verbuchen konnte. Das zeigt ebenso der – psychologisch allzuverständliche – Versuch, angebliche "Errungenschaften" des sozialistischen Regimes in der DDR zu fingieren und in die Diskussion um eine Wiedervereinigung einzubringen. Von gewissen interessierten Kreisen in der Bundesrepublik werden derartige "Errungenschaften" nur allzugerne aufgegriffen und die Gelegenheit genutzt, sozialistisches Gedankengut, das im Rahmen des Grundgesetzes kaum eine Chance auf Verwirklichung hätte, nunmehr zu forcieren, um es zum Bestandteil einer neuen Ver-

---

[22] Auch die Kraft der nationaldemokratischen Staatsidee wird zur Homogenisierung der ideologischen Gespaltenheit Deutschlands zunächt nur wenig beitragen können: Vgl. auch *Kim*, in: von Münch (Hrsg.), Grundgesetz-Kommentar, Bd. 3, Art. 146, RdNr. 7.

B) Die Risiken bei der Konstituierung einer gesamtdeutschen Verfassung

fassung zu machen[23]. Besonders deutlich zeigt sich dies in der derzeit geführten Diskussion um soziale Grundrechte, die Veränderung der Eigentumsgarantie und das Aussperrungsverbot[24]. Der Weg über Art. 146 GG bringt unabsehbare Gefahren für die Aufrechterhaltung der freiheitlichen demokratischen Grundordnung[25].

Es ist daher kaum anzunehmen, daß man sich bei der Konstituierung einer neuen Verfassung dazu durchringen wird, den Beratungen die über 40 Jahre bewährte Grundordnung des Grundgesetzes eindeutig zugrundezulegen und von vornherein nur insoweit Änderungen ins Auge zu fassen und nur insoweit die Beratungen zu eröffnen, als es die Erfordernisse einer *gesamt*-deutschen Verfassung als erforderlich erscheinen lassen (z.B. Änderung der Präambel, des Art. 23, Streichung des Art. 146). Eine bessere Ordnung als die grundgesetzliche jedenfalls kann derzeit – wenn überhaupt – von einer neuen gesamtdeutschen Verfassung kaum erwartet werden. *Das deutsche Volk ist in der jetzigen Situation nicht in der Verfassung, um eine neue Verfassung zu konstituieren.*

Es sollte zudem nicht übersehen werden, daß das Grundgesetz nicht einfach nur Ausfluß eines übergeordneten Willens bzw. einer staatlichen Macht ist, sondern seine Geltung nach wie vor auf die breite Anerkennung und Befolgung durch die entschiedene Mehrheit seiner Bürger und der gesamten staatlichen Gemeinschaft der BR Deutschland gründet, unsere freiheitliche demokratische Grundordnung als anerkennenswürdig, als gerecht angesehen wird. Es kommt auch nicht von ungefähr, daß die verfassunggebende Gewalt in anderen europäischen Staaten wesentliche Regelungen des

---

[23] Treffend *Hermann Rudolph*, Eine deutsche Versuchung, in: SZ vom 5. April 1990: "Denn bislang nimmt sich der große Gründungsakt, der die Einheit adeln soll, aus wie die Erfüllungsstunde für alles das, was sich aufgeklärte bundesrepublikanische Gemüter schon immer gewünscht hatten: ein bißchen Plebiszit, etwas mehr Soziales, unterm Strich so etwas wie die radikal-demokratische Aufladung des Grundgesetzes, die bisher, aus guten Gründen, unterblieben ist."

[24] Vgl. dazu etwa die Zitate von westdeutschen Politikern und Gewerkschaftern in: Die Welt und Frankenpost, jeweils vom 22. März 1990.

[25] Vgl. schon *Thomas Ellwein*, Die Wiedervereinigung Deutschlands und der deutsche Föderalismus, in: Maunz (Hrsg.), Vom Bonner Grundgesetz zur gesamtdeutschen Verfassung, Festschrift für Nawiasky (1956), S. 107: "... die Verfassungsarbeit wird sich an den Problemen der Wiedervereinigung selbst orientieren, weniger an der Aufgabe, Bestehendes zu erhalten, – dies ergibt sich einfach aus der Situation und aus dem Auftrag des ersten deutschen Parlaments."

Grundgesetzes (als offenbar vorbildlich) übernommen hat (z.B. Spanien, Griechenland, Portugal) und bei dem 40jährigen Jubiläum unseres Grundgesetzes waren die Lobeshymnen eindeutig und nahezu ungeteilt, nicht nur im In- sondern auch im Ausland[26]. Überdies sind die humanen Werte, für die jene mutigen Deutschen in der DDR am 8. / 9. November 1989 auf die Straße gingen und in einer unblutigen Revolution die sozialistischen Diktatoren stürzten, exakt die Werte auch des Grundgesetzes. Schließlich ist unsere Verfassung in ihren wesentlichen inhaltlichen Aussagen kein genuin bundesrepublikanisches Produkt. Die Wurzeln reichen weit zurück, bis zur amerikanischen und französischen Verfassung. Übernommen mit dem Grundgesetz wird also nicht eine gleichsam separate und eigengeartete Grundordnung des deutschen "Teilstaates" Bundesrepublik für den deutschen Gesamtstaat; übernommen wird die humane Rechtskultur des Abendlandes. Der Weg nach Art. 23 S. 2 GG ist daher nicht nur der kürzere und der pragmatische Weg in die deutsche Einheit, er ist auch eine sichere Garantie zur Schaffung eines freien gesamtdeutschen Staates.

Aber wie immer man auch zum Grundgesetz stehen mag, jedenfalls würden sich die Beratungen bei der Ausarbeitung einer neuen gesamtdeutschen Verfassung als äußerst schwierig erweisen und sehr lange Zeit in Anspruch nehmen. Allein der Zeitfaktor aber spricht schon gegen ein Verfahren nach Art. 146 GG. Die Situation in der DDR ist – und darüber dürfte kein Streit bestehen – äußerst labil, sowohl in rechtlicher als auch in tatsächlicher Hinsicht. Unter diesen Umständen wäre es nicht nur politisch, sondern ebenso aus der staatsrechtlichen Perspektive des inneren Friedens unverantwortlich, die Konstituierung einer rechtlichen Grundordnung für einen deutschen Gesamtstaat auf kaum absehbare Zeit hinauszuschieben.

So sehr aber auch alles gegen die Schaffung einer gesamtdeutschen Verfassung zum jetzigen Zeitpunkt spricht: sollte der Weg über Art. 146 GG trotzdem gewählt werden, so stellt sich das drängende Problem, ob und inwieweit auch bei dieser Alternative eine Chance besteht, die freiheitlichen demokratischen Grundstrukturen des Grundgesetzes rechtlich zu sichern. Konkret ist dies eine Frage nach der Möglichkeit einer *Selbstbindung der verfassunggebenden Gewalt*, genauer: es ist die Frage danach, ob ein beste-

---

[26] *Häberle*, JZ 1990, Heft 8, bezeichnet es als "communis opinio", daß das Grundgesetz die "beste" aller bisherigen Verfassungen in Deutschland sei und sich bewährt habe. Vgl. auch die dortigen Nachweise.

B) Die Risiken bei der Konstituierung einer gesamtdeutschen Verfassung

hendes Verfassungsgesetz, in unserem Falle also das Grundgesetz, dem zukünftigen pouvoir constituant, verfahrensmäßige oder inhaltliche Regelungen vorgeben kann, an die dieser gebunden ist. Von vornherein ausgeschlossen ist eine solche Möglichkeit nicht. So unterscheidet z.B. Maunz[27] sehr dezidiert, "ob nach politischer Beseitigung eines vorangegangenen Systems, wie 1918 und 1945, kraft der verfassunggebenden Gewalt eine neue Verfassung ohne Bindung an die schon untergegangenen Formen und Inhalte der früheren Verfassung und an die Verfahrensvorschriften der Zwischenzeit ergeht oder ob die verfassunggebende Gewalt während einer geltenden, intakten Verfassung ausgeübt werden soll". Für den zuletzt genannten Fall gibt Maunz zu bedenken, daß z.Z. der Entstehung der neuen Verfassung immerhin "alle Staatsorgane an die geltende Verfassung gebunden sind und kein Organ irgendeinen Schritt unternehmen darf, der im Gegensatz zur Verfassung steht".

Wenn nach Art. 146 GG das Grundgesetz erst in dem Moment außer Kraft treten kann, in dem die gesamtdeutsche Verfassung in Kraft gesetzt ist, wird die verfassunggebende Gewalt im Sinne dieser Bestimmung während einer geltenden, intakten Verfassung, nämlich dem Grundgesetz, ausgeübt. Gleiches gilt aus der Perspektive Ost-Deutschlands bzw. der DDR. Die Verfassung der Deutschen Demokratischen Republik vom 6. April 1968 (in der Fassung des Gesetzes zur Ergänzung und Änderung der Verfassung der Deutschen Demokratischen Republik vom 7. Oktober 1974) ist nach wie vor in Kraft. Die Tatsache, daß die geltende DDR-Verfassung eine dem Art. 146 GG entsprechende Vorschrift nicht kennt[28] ist in diesem Zusammenhang ohne Bedeutung.

Für den Bereich der BR Deutschland muß daher der Frage nachgegangen werden, ob die für die verfassunggebende Gewalt *allgemein* getroffene Feststellung, daß sie keinerlei rechtlichen Bindungen unterliegt, auch für den besonderen Fall der verfassunggebenden Gewalt im Sinne des Art. 146 GG Geltung beanspruchen kann.

---

[27] DÖV 1953, S. 646; vgl. auch *Scheuner*, DÖV 1953, S. 583 f. m.w.N.

[28] Die DDR-Verfassung 1968 hatte dagegen in ihrer Erstfassung in Art. 8 Abs. 2 die Vereinigung der beiden deutschen Staaten immerhin noch angesprochen und dafür einen Dreistufenplan entworfen. Vgl. dazu etwa *Herwig Roggemann*, Die DDR-Verfassungen. Einführung in das Verfassungsrecht der DDR, 4. Aufl. (1989), S. 64 ff. m.N.

C) Die Stellung der Bundesländer im spezifischen Prozeß einer Verfassunggebung nach Art. 146 GG

Einerseits kann kein Zweifel daran bestehen, daß Art. 146 GG die verfassunggebende Gewalt zum Regelungsgegenstand hat, andererseits bestimmt die Vorschrift, daß das Grundgesetz erst im Zeitpunkt des Inkrafttretens einer gesamtdeutschen Verfassung außer Kraft tritt, bis dahin also uneingeschränkte Geltung beansprucht. Es tritt hinzu, daß das Grundgesetz für seine eigene Ersetzung *ausdrücklich* ein – wenn auch lückenhaftes – *rechtlich geordnetes Verfahren* dekretiert[29].

Unter diesen Umständen kann die nach überwiegender Meinung notwendige Trennung zwischen Verfassunggebung und Verfassungsänderung[30] für den Fall des Art. 146 GG *nicht in voller Schärfe* aufrecht erhalten werden. Art. 146 GG begründet eine *Mischform*, wobei im Vorverfahren der Akzent mehr auf Verfassungsänderung, bei der Schaffung der Verfassung selbst dagegen das eigentliche Gewicht auf der Verfassunggebung liegt.

Unbestritten will – wie schon betont – Art. 146 GG der verfassunggebenden Gewalt Vorschriften machen. Solange das Grundgesetz gilt, muß es von den zuständigen Organen strikt beachtet werden. Es wird daher vor allem im Vorverfahren Wirkungen enthalten. Die Erfüllung dieser Vorschrift ist – wie Murswiek[31] zutreffend ausführt – "Rechtmäßigkeitsvoraussetzung" für die neue Verfassung. Zutreffend betont er aber auch die Einseitigkeit dieser Bindung: "Es handelt sich um die Nabelschnur der Legalität, die das Grundgesetz mit der neuen Verfassung verbindet. Ob der neue Verfassunggeber diese Schnur durchschneidet, indem er die Voraussetzungen des Art. 146 nicht beachtet, liegt nicht mehr in der Regelungsgewalt der vom Grundgesetz errichteten Ordnung."

---

[29] Vgl. *Scheuner*, DÖV 1953, S. 582; *F. Klein*, in: Gedächtnisschrift für W. Jellinek, S. 124; *Maunz*, in: Maunz / Dürig, Kommentar zum Grundgesetz, Art. 146, RdNr. 1; *Murswiek*, Die verfassunggebende Gewalt, S. 125 ff.; *Kirchhof*, in: Handbuch des Staatsrechts I, § 19, RdNr. 43.

[30] Vgl. etwa *Scheuner*, DÖV 1953, S. 582; *Stern*, Staatsrecht I, § 5, I 3; *Bryde*, in: von Münch (Hrsg.), Grundgesetz-Kommentar, Bd. 3, Art. 79, RdNr. 3. – A.A. etwa *Henke*, Der Staat 19 (1980), S. 204 ff.

[31] Die verfassunggebende Gewalt, S. 135.

C) Die Stellung der Bundesländer im Prozeß einer Verfassunggebung 39

1. Abschnitt

Das Vorverfahren

I. Die Grundentscheidung

1. Die Bedeutung der Grundentscheidung

Die Entscheidung, den Weg nach Art. 146 GG zu gehen, muß von den zuständigen Organen der BR Deutschland und der DDR gefällt werden. Sie ist weichenstellender Natur: wird nämlich der Weg nach Art. 146 GG erst einmal eröffnet, führt er bei regulärem Ablauf des Verfahrens zur Außerkraftsetzung des Grundgesetzes und der Konstituierung einer neuen (gesamtdeutschen) Verfassung. Es kann hier dahingestellt bleiben, inwieweit diese neue Grundordnung dem Grundgesetz ähneln wird oder in gewissen Beziehungen vielleicht sogar ähneln muß. Jedenfalls stellt eine Entscheidung für Art. 146 GG den tiefsten aller denkbaren Eingriffe in das staatliche Leben der verfaßten Gemeinschaft der BR Deutschland dar.

So drängt sich als erstes die Frage auf, wer die Kompetenz für diese tiefgreifende Entscheidung besitzt, welchen Organen der BR Deutschland die Entscheidung zusteht.

2. Entscheidungskompetenz und Entscheidungsform

a) Das Grundgesetz ist zum Zeitpunkt der Entscheidung über das "Ob" bzw. für den Weg durch Zusammentritt noch in Kraft. Von seiten der Bundesrepublik können daher nur die nach der grundgesetzlichen Kompetenzordnung zuständigen Organe handeln. Darüber aber, wer diese Organe sind, sagt weder das Grundgesetz noch speziell Art. 146 GG etwas aus. Diese verfassungsrechtliche Abstinenz dürfte ihren Grund darin finden, daß sich der Parlamentarische Rat über den Art. 146 GG weniger Gedanken spezifisch *juristisch-verfahrensrechtlicher* Art gemacht hat; im Vordergrund stand die Idee der Wiedervereinigung und nicht der konkrete Weg dazu[32]. Wir sind

---

[32] Selbst die Literatur in den ersten Jahren nach dem Inkrafttreten des Grundgesetzes hat sich – soweit ersichtlich – mit dieser Frage im einzelnen nicht beschäftigt. Gewisse Ansätze finden sich z.B. bei *Scheuner*, DÖV 1953, S. 582 sowie bei *Maunz*, DÖV 1953, S. 648. – Ausführlich aber *Murswiek*, Die verfassunggebende Gewalt, S. 125 ff.

daher auf eine Interpretation des Art. 146 GG angewiesen, die im wesentlichen nur eine *teleologische* sein kann, wobei mit dem Anbruch der Endzeit des Grundgesetzes notwendigerweise die gesamte Verfassung in diese Überlegungen mit einbezogen werden muß.

b) Kein Zweifel kann zunächst daran bestehen, daß die weichenstellende Entscheidung des "Ob" nur vom (Bundes-) Gesetzgeber, also vom Deutschen Bundestag, getroffen werden kann[33]. Wenn es nach der sogenannten Wesentlichkeitstheorie des Bundesverfassungsgerichts[34] überhaupt eine wesentliche Entscheidung gibt, dann ist es die über den Weg der Wiedervereinigung nach Art. 146 GG und die (Fort-) Existenz des Grundgesetzes[35].

c) Die *Stellung der Bundesländer* hängt demnach entscheidend davon ab, ob es sich bei diesem Gesetz um ein *zustimmungsbedürftiges* handelt und ob sein Zustandekommen lediglich einer einfachen oder einer *qualifizierten* Mehrheit bedarf[36]. Würde Art. 146 GG auf Verfassungsänderung zielen, so wäre das Problem ebenso einfach wie eindeutig zu lösen. Zur Anwendung käme dann Art. 79 GG, dessen Absatz 2 für ein solches Gesetz die Zustimmung von zwei Drittel der Mitglieder des Bundestags und zwei Drittel der Stimmen des Bundesrates verlangt. Tatsächlich zielt Art. 146 GG aber nicht auf Änderung, sondern auf *Ersetzung* des Grundgesetzes durch eine neu zu schaffende gesamtdeutsche Verfassung. Dies legt den zwingenden Schluß nahe, daß die Entscheidung über das "Ob" *formaliter* weder Verfassungsänderung noch Verfassunggebung, *ihrer Substanz* nach aber jedenfalls *mehr* ist als eine bloße Verfassungsänderung; im Blick auf das Grundgesetz läßt sie sich gleichsam als "negative Verfassunggebung" qualifizieren. Dies bestätigt die oben getroffene Feststellung[37], daß Art. 146 GG eine Mischform von verfassungsändernder und verfassunggebender Gewalt begründet.

---

[33] Davon geht offenbar auch *Maunz*, DÖV 1953, S. 648 ("Vorbereitungsgesetz") aus.

[34] Dazu *Stern*, Staatsrecht I, § 20, IV, 4 m.z.N.

[35] Selbst für den Akt der Geltungsausdehnung des Grundgesetzes nach Art. 23 S. 2 auf den beitretenden Landesteil, der doch eher formaler Natur ist, wird Gesetzesform gefordert: dazu *Maunz*, in: Maunz / Dürig, Kommentar zum Grundgesetz, Art. 23, RdNr. 43 m.w.N.

[36] Wenigstens erwähnt wird eine Mitwirkung der Länder bei *Scheuner*, DÖV 1953, S. 582 und *Maunz*, DÖV 1953, S. 648.

[37] 2. Kap., C, Vorbem. vor 1. Abschn.

C) Die Stellung der Bundesländer im Prozeß einer Verfassunggebung

Die rechtsdogmatische Qualifizierung der Entscheidung als ein Mehr gegenüber regulärer Verfassungsänderung kann sicher nicht dazu führen, daß dafür ein einfaches Gesetz ohne Zustimmung des Bundesrates genügt. Vielmehr drängt sich der Schluß a maiore ad minus auf: wenn schon für eine reguläre Verfassungsänderung nach Art. 79 Abs. 2 GG ein Gesetz mit qualifizierter Mehrheit und mit Zustimmung von zwei Drittel der Stimmen des Bundesrates erforderlich ist, dann muß dies erst recht für eine Entscheidung gelten, die auf eine Beseitigung des Grundgesetzes insgesamt angelegt ist. Dieses Ergebnis wird durch Art. 144 Abs. 1 GG zusätzlich gestützt. Danach bedurfte das Grundgesetz für sein Zustandekommen der Annahme durch die Volksvertretung in zwei Drittel der deutschen Ländern, in denen es zunächst gelten sollte. Die Bestimmung befaßt sich ihrem Wortlaut nach allein mit dem Wirksamwerden des Grundgesetzes und kann daher für das Verfahren nach Art. 146 GG keine unmittelbare Geltung beanspruchen, etwa in der Form, daß Art. 146 GG durch sie normativ "aufgefüllt" oder ergänzt wird. Sie zeigt aber die gewichtige Bedeutung, die der Parlamentarische Rat den Bundesländern bei der Schaffung des Grundgesetzes zugemessen hat. Es wäre nicht nur verfassungspolitisch unverständlich und verfassungstheoretisch unbegründbar, sondern auch verfassungsrechtlich inakzeptabel, wenn das Grundgesetz, für dessen Zustandekommen die Zustimmung von zwei Drittel der Bundesländer erforderlich war, ohne eine entsprechende Zustimmung der Bundesländer zur Disposition gestellt werden könnte. Unter (Noch-) Geltung des Grundgesetzes kann diesem Verfassungsgebot der Ländermitwirkung nur dadurch Rechnung getragen werden, daß für die Grundentscheidung, ob der Weg nach Art. 146 GG begangen werden soll oder nicht, die Verfahrenserfordernisse des Art. 79 Abs. 2 GG eingehalten werden. Es bedarf also eines mit qualifizierter Mehrheit im Bundestag zustande gekommenen Gesetzes, dem der Bundesrat ebenfalls mit zwei Drittel seiner Stimmen die Zustimmung erteilt.

3. Entscheidungsfreiheit und die spezielle Lage Bayerns

a) Es wurde schon betont[38], daß keine Verpflichtung besteht, bei Vorliegen der Voraussetzungen des Art. 146 GG, diesen Weg der Vereinigung auch zu gehen. Die Entscheidung liegt im Gestaltungsermessen des Gesetz-

---

[38] 1. Kap., A, II, 1.

gebers, was speziell ebenso für das Zustimmungserfordernis der Länder im Bundesrat gilt[39]. Die Grenze der Entscheidungsfreiheit ist das Mißbrauchsverbot; kein Land darf willkürlich seine Zustimmung versagen. Inhaltlicher Maßstab ist das Wiedervereinigungsgebot[40].

b) Eine spezifische landesrechtliche Regelung eines Vereinigungsgebots enthält Art. 178 BV. Sie lautet: "Bayern wird einem künftigen deutschen demokratischen Bundesstaat beitreten. Er soll auf einem freiwilligen Zusammenschluß der deutschen Einzelstaaten beruhen, deren staatsrechtliches Eigenleben zu sichern ist."

Ohne Zweifel zielt Art. 178 der Bayerischen Verfassung von 1946 auch auf die später gebildete, mit dem Deutschen Reich teilidentische BR Deutschland als "Transistorium" (Theodor Heuss). Mit der Eingliederung Bayerns in die BR Deutschland als Bundesland ist Art. 178 BV aber nicht obsolet geworden und "durch die Entwicklung überholt"[41]. Wie die Entstehungsgeschichte der Bestimmung und ebenso ihr Wortlaut deutlich zeigen, ist ihr Vereinigungsgebot auf einen künftigen deutschen Staat, unter Geltung des Grundgesetzes also auf die Wiedererrichtung des gesamtdeutschen Staates gerichtet[42]. Art. 178 BV erlangt daher bei einer Vereinigung Deutschlands nach Art. 146 GG Aktualität. Wie alle anderen Normen der Bayerischen Verfassung kann freilich auch Art. 178 unter Geltung des Grundgesetzes nur im innerbayerischen Rechtsraum Wirkungen entfalten[43]. In diesem Rahmen aber statuiert er eine Bindung der bayerischen Staatsgewalt, die sich auf deren Verhalten im Bundesrat auswirkt. Die Bindungswirkung des Art. 178 BV kann jedoch – auch landesintern – nicht weiter reichen als das Wiedervereinigungsgebot des Grundgesetzes, zumal der Beitritt in Art. 178 S. 1 BV nur als Feststellung formuliert ist, während Satz 3 der Präambel des Grundgesetzes eine ausdrückliche Aufforderung enthält.

---

[39] Gerade im Blick auf den Weg der Herbeiführung der Wiedervereinigung betont das BVerfG (E 36, 1/17) den breiten Raum politischen Ermessens für den Gesetzgeber.

[40] Vgl. dazu BVerfGE 36, 1/17 ff.; *Ress*, in: Handbuch des Staatsrechts I, § 11, RdNrn. 55 ff. m.w.N.

[41] So aber BayVerfGH, VGH n.F. 20, II, 153/156.

[42] Dies unterstreicht *Hans Zacher*, in: Nawiasky / Leusser / Schweiger / Zacher, Die Verfassung des Freistaates Bayern (Stand: 1989), Art. 178, RdNr. 3.

[43] Vgl. *Zacher*, in: Nawiasky / Leusser / Schweiger / Zacher, Die Verfassung des Freistaates Bayern, Art. 178, RdNr. 2.

C) Die Stellung der Bundesländer im Prozeß einer Verfassunggebung

Auch intern besteht demzufolge für den Freistaat Bayern keine Verpflichtung, einen *bestimmten Weg* der Wiedervereinigung mitzugehen. Er kann daher seine Zustimmung im Bundesrat für eine Vereinigung nach Art. 146 GG versagen, soweit eine solche Verweigerung keinen Mißbrauch der Länderrechte im Bundesrat darstellt, was bei dem breiten Raum politischen Ermessens, der hier besonders dem Gesetzgeber eingeräumt ist, theoretisch zwar denkbar erscheint, praktisch aber kaum eintreten dürfte. Das Bundesverfassungsgericht[44] verlangt ein eindeutiges Überschreiten dieser sehr weit gezogenen Ermessensbegrenzung und sieht einen Ermessensmißbrauch erst dann als gegeben an, wenn die gesetzgeberische Maßnahme "rechtlich oder tatsächlich einer Wiedervereinigung in Freiheit offensichtlich entgegensteht".

Zusätzliche Bedeutung, also Bedeutung über das im Grundgesetz ohnehin verankerte Wiedervereinigungsgebot hinaus, gewinnt Art. 178 BV aber insofern, als er *inhaltlich* höhere Anforderungen an ein Vereinigungsverfahren zur Verfassung eines gesamtdeutschen Staates stellt als Art. 146 GG. Darauf wird zurückzukommen sein.

II. Die Vorgaben-Regelung
1. Entscheidungskompetenz und Entscheidungsform

Die Grundentscheidung darüber, ob der Weg nach Art. 146 GG eingeschlagen werden soll, ist nur dann die erste und endgültig zu treffende Entscheidung, wenn diese Alternative, aus welchen Gründen auch immer, abgelehnt wird. Besteht dagegen die Neigung, einem vereinten Deutschland nach Art. 146 GG eine neue Verfassung zu geben, dann wird die Grundentscheidung erst fallen, nachdem Einigkeit über das Verfahren und Einigkeit auch – abgesehen noch vom Grad ihrer Verbindlichkeit – über das Ziel bzw. den wesentlichen Inhalt einer solchen Verfassung erreicht wurde. Denn die an das Grundgesetz gebundenen Organe dürfen der Alternative nach Art. 146 GG von vornherein nur zustimmen, wenn die Einhaltung der von dieser Vorschrift aufgestellten Forderungen garantiert erscheint. Besonders ausgeprägt ist zudem die – landesinterne – Bindung des Freistaates Bayern. Wenn Satz 1 von Art. 178 BV feststellt, daß Bayern einem "künftigen deutschen

---

[44] BVerfGE 36, 1/17.

Bundesstaat" beitreten wird, dann werden damit ausdrücklich Anforderungen an die Verfaßtheit des künftigen Staates gestellt: die Verfassung muß demokratisch und bundesstaatlich gegliedert sein. Satz 2 der Bestimmung verlangt zudem ein "staatsrechtliches Eigenleben" dieser Einzel- bzw. Gliedstaaten, womit ein föderales Prinzip festgeschrieben ist, das im wesentlichen dem derzeitigen Zustand unter Geltung des Grundgesetzes und der Bayerischen Verfassung entspricht. Schließlich bestimmt Satz 2, daß der demokratische Bundesstaat auf einem "freiwilligen Zusammenschluß der deutschen Einzelstaaten" beruhen soll.

Grundentscheidung und Vorgaben-Regelung lassen sich unter diesen Umständen nicht voneinander trennen. Beide Entscheidungen sind auch von gleichem verfassungsrechtlichen Gewicht, so daß nicht nur die Grundentscheidung, sondern ebenso die Vorgaben-Regelung den Erfordernissen des Art. 79 Abs. 2 GG genügen muß. Es liegt daher nahe, beides in *einem* Gesetz zu normieren, das im folgenden – vereinfachend – als *Vorbereitungsgesetz* bezeichnet werden soll.

2. Das Ausmaß der Bindung durch das Grundgesetz

a) Art. 146 GG schreibt ausdrücklich vor, daß die gesamtdeutsche Verfassung "in freier Entscheidung" zu beschließen ist. Kein Zweifel besteht daran, daß dieses Tatbestandsmerkmal das freie Zustandekommen einer gesamtdeutschen Verfassung gewährleisten soll[45]. Stern[46] ist sogar der Auffassung, die Bindung der "freien Entscheidung" in Art. 146 GG sei eine *Bindung auch der gesamtdeutschen pouvoir constituant*, weil nur dann das Grundgesetz seine Gültigkeit verliere. Diese einmalige positivierte Schranke eines pouvoir constituant originaire wäre nur aus der Rechtslage Deutschlands verständlich, klinge aber an sich selbstverständlich, weil es zum Wesen der Verfassunggebung gehöre, daß das Volk als verfassunggebende Gewalt frei über seine Grundordnung entscheiden könne.

---

[45] Vgl. etwa *Scheuner*, DÖV 1953, S. 582; *Maunz*, DÖV 1953, S. 648; ders., in: Maunz / Dürig, Kommentar zum Grundgesetz, Art. 146, RdNrn. 5, 20; *F. Klein*, in: Gedächtnisschrift für W. Jellinek, S. 132; BVerfGE 5 85/131: "frei von äußerem und innerem Zwang".

[46] Staatsrecht I, § 5, IV, 7, a.

C) Die Stellung der Bundesländer im Prozeß einer Verfassunggebung

Sieht man davon ab, daß Verfassungen (wesens-widrig) auch auf andere Weise zustande kommen können und Geltung gewinnen, weil sie von der überwiegenden Mehrheit des Volkes akzeptiert oder wenigstens hingenommen werden, und bezieht man überdies das Tatbestandsmerkmal der "freien Entscheidung" in Art. 146 GG *allein* auf das freie Zustandekommen der gesamtdeutschen Verfassung, dann leuchtet die Auffassung von Stern ein. Hinsichtlich dieser so verstandenen freien Entscheidung dürfte es zudem bei den nunmehr herrschenden politischen Verhältnissen in der DDR ohnehin auch keine Schwierigkeiten geben, so daß die Frage nicht weiter vertieft zu werden braucht. Anzufügen wäre nur noch, daß "freie Entscheidung" ein geordnetes Verfahren verlangt, das diese "Freiheit" der Entscheidung sicherstellt. Eine Wahl oder eine Volksabstimmung muß also den anerkannten Grundsätzen genügen, d.h. frei, allgemein, gleich und geheim sein. Nichts anderes meint wohl auch das Bundesverfassungsgericht[47], wenn es einen gewissen Mindeststandard freiheitlich-demokratischer Garantien beim Zustandekommen der neuen gesamtdeutschen Verfassung verlangt[48].

b) Die Bedeutungsbeschränkung der "freien Entscheidung" in Art. 146 GG auf die Gewährleistung eines freien Zustandekommens einer gesamtdeutschen Verfassung würde aber schon dem Wortlaut der Bestimmung nicht voll gerecht werden; denn die "freie Entscheidung" ist eine zentrale Voraussetzung dafür, daß das Grundgesetz außer Kraft tritt. Es kann aber nicht angenommen werden, daß eine so freiheitliche Verfassung wie das Grundgesetz sich schon dann selbst zur Disposition stellt, wenn eine neue (gesamtdeutsche) Verfassung lediglich in "freier Entscheidung" zustande gekommen ist, unabhängig davon also, ob die Freiheit und Selbstbestimmung des deutschen Volkes für die absehbare Zukunft gesichert erscheint oder nicht. Eine solche Interpretation wäre auch mit Satz 3 der Präambel des Grundgesetzes unvereinbar, die das gesamte Deutsche Volk auffordert, in freier Selbstbestimmung nicht nur die Einheit, sondern auch die *Freiheit* Deutschlands zu *vollenden*. Diese Aufforderung greift ganz eindeutig über den einmaligen Akt der freien Entscheidung zu einer gesamtdeutschen Verfassung hinaus und macht deutlich, daß es der Präambel und speziell auch

---

[47] BVerfGE 5, 85/131 f.

[48] Vgl. etwa auch *Scheuner*, DÖV 1953, S. 582: "demokratische Form", "freie Selbstbestimmung", "echte freie Wahl". Ähnlich *F. Klein*, in: Gedächtnisschrift für W. Jellinek, S. 132; *Maunz*, DÖV 1953, S. 648. Siehe außerdem *Murswiek*, Die verfassunggebende Gewalt, S. 131 m.w.N.

dem mit ihr aufs engste verbundenen Art. 146 GG darum geht, eine – territorial – wiederherzustellenden Gesamtdeutschland Freiheit *für die Zukunft* zu sichern. Die Einheit darf also nicht auf Kosten der Freiheit erstrebt werden[49]. Dies meint auch Scheuner, wenn er konstatiert, das Grundgesetz wollte "jede Rückkehr zu nichtdemokratischen Formen ausschließen" und Art. 146 GG erlaube "nur eine solche neue Verfassungsordnung, die die 'freie Entscheidung' des Volkes dauernd enthält, d.h. eine demokratische Grundordnung im Rahmen des Art. 1 und 20 GG"[50]. In diesem Sinne läßt sich Art. 146 GG auch als "verfassungsrechtlicher Leitsatz" (Scheuner) bezeichnen. Die Präambel, Art. 23 S. 2 und Art. 146 GG verkörpern eine *Trilogie verfassungsrechtlicher Kontinuität*, wobei Art. 146 GG in Verbindung mit Satz 3 der Präambel diese Kontinuität[51] durch und in einer neuen gesamtdeutschen Verfassung gewährleisten will.

Um es an dieser Stelle erneut zu betonen: Der schon seiner Herkunft nach revolutionär-konstituierende Charakter verfassunggebender Gewalt vermag sich naturgemäß über gegebene Verfassungsregelungen und speziell auch über Vorschriften hinwegzusetzen, die seiner rechtlichen Bändigung und Kanalisierung dienen sollen. Entscheidend ist letzten Endes allein, ob das Ergebnis der pouvoir constituant von der gewichtigen Mehrheit des Volkes akzeptiert oder wenigstens hingenommen wird. Es bedarf keiner näheren Darlegungen, daß Art. 146 GG insofern keine Sonderstellung zu beanspruchen vermag. Darum aber geht es hier nicht. Hier geht es allein darum, inwieweit das Grundgesetz den Weg zu einer neuen gesamtdeutschen Verfassung regulieren und sichern wollte und welche verpflichtenden Vorgaben das Grundgesetz dementsprechend den zuständigen bundesrepublikanischen Organen auferlegt, die im Vorbereitungsgesetz ihre Verankerung finden müssen.

c) Für den *Umfang gebotener verfassungsrechtlicher Kontinuität* läßt sich freilich weder aus Art. 146 GG noch aus der Präambel Exaktes entnehmen. Zweierlei aber dürfte ohne weiteres einleuchten: Art. 146 GG kann einerseits nicht fordern, daß die gesamtdeutsche Verfassung ein genaues Eben-

---

[49] Vgl. *Kirn*, in: von Münch (Hrsg.), Grundgesetz-Kommentar, Art. 146, RdNr. 6. Ebenso *Berg*, Zonenrandförderung, S. 78 ff.

[50] *Scheuner*, DÖV 1953, S. 582, 583; a.A. Murswiek, Die verfassunggebende Gewalt, S. 136.

[51] *Maunz*, in: Maunz / Dürig, Kommentar zum Grundgesetz, Art. 146, RdNr. 9, spricht von "staatsrechtlicher Kontinuität".

C) Die Stellung der Bundesländer im Prozeß einer Verfassunggebung

bild des Grundgesetzes sein muß; dann wäre Art. 146 GG überflüssig und das Grundgesetz hätte sich mit der Regelung in Art. 23 S. 2 GG begnügen können. Andererseits schließt Art. 146 GG einen völligen Bruch mit der freiheitlichen demokratischen Ordnung des Grundgesetzes aus; man könnte sonst von einer verfassungsrechtlichen Kontinuität nicht mehr sprechen.

Die richtige Lösung muß in der Mitte zwischen diesen beiden Extrempositionen gesucht werden. Michael Kirn[52] meint, das Grundgesetz stütze – unbeschadet seiner europäischen Option – seine spezifisch deutschlandpolitischen Forderungen auf die Integrationskraft der *nationaldemokratischen Staatsidee*, deren Fähigkeit, eine rechtlich geordnete politische Homogenität zu gewährleisten, welche die ideologischen Gesellschaftslehren (also etwa Kommunismus, Sozialismus, Faschismus) in den Hintergrund verweise. Hier scheint mir in der Tat der richtige Ansatz zu liegen. Denn das Hauptanliegen des Grundgesetzes ist gerade in der strikten Ablehnung aller inhumanen Ideologien zu sehen, deren zentraler Fehler in einem irrationalen Menschenbild besteht, das dem Individuum die "Führung des Lebens in der Kontinuität des eigenen Wesens"[53] untersagt, untersagen muß, weil Staaten, die von solchen Ideologien beherrscht werden, den Menschen konsequenterweise nur als Objekt begreifen und traktieren können. Das Grundgesetz begründet ein Kontrastprogramm zu derartigen Staatsordnungen, wie schon dadurch deutlich wird, daß der absolute Schutz der Menschenwürde im ersten Artikel, gleichsam an der Spitze der Verfassung steht.

Im Vorverfahren des Art. 146 GG kann sich daher die Bindung an das Grundgesetz nur auf solche *Grundregelungen* beziehen, *die den Wesensgehalt jeder freiheitlichen staatlichen Ordnung schlechthin* ausmachen. Sie lassen sich allerdings nicht durch den schlichten Hinweis auf Art. 79 Abs. 3[54] oder Art. 1 und 20 GG[55] umreißen und festmachen. Sowohl Art. 20 Abs. 1 als auch Art. 79 Abs. 3 GG enthalten nämlich auch eine Garantie des bundesstaatlichen Prinzips. Diese Gewährleistung ist zwar unter Geltung des Grundgesetzes der Disposition des verfassungsändernden Gesetzgebers ent-

---

[52] In: von Münch (Hrsg.), Grundgesetz-Kommentar, Art. 146 RdNr. 6, unter Verweis auf Ernst Rudolf Huber.

[53] *Karl Jaspers*, Über Gefahren und Chancen der Freiheit, in: Der Monat 27 (1950), S. 396.

[54] So aber z.B. *Maunz*, in: Maunz / Dürig, Kommentar zum Grundgesetz, Art. 146, RdNr. 9.

[55] So z.B. *Scheuner*, DÖV 1953, S. 583.

zogen; das Bundesstaatsprinzip kann aber – auch im Blick auf andere freiheitliche Demokratien – nicht zum unabdingbaren Kern einer freiheitlichen Ordnung gezählt werden[56]. Unabdingbarer Kern ist vielmehr die *"freiheitliche demokratische Grundordnung"*, wie sie das Bundesverfassungsgericht im SRP-Urteil[57] erstmals beschreibt, also eine Ordnung, "die unter Ausschluß jeglicher Gewalt- und Willkürherrschaft eine rechtsstaatliche Herrschaftsordnung auf der Grundlage der Selbstbestimmung des Volkes nach dem Willen der jeweiligen Mehrheit und der Freiheit und Gleichheit darstellt. Zu den grundlegenden Prinzipien dieser Ordnung sind mindestens zu rechnen: die Achtung vor den im Grundgesetz konkretisierten Menschenrechten, vor allem vor dem Recht der Persönlichkeit auf Leben und freie Entfaltung, die Volkssouveränität, die Gewaltenteilung, die Verantwortlichkeit der Regierung, die Gesetzmäßigkeit der Verwaltung, die Unabhängigkeit der Gerichte, das Mehrparteienprinzip und die Chancengleichheit für alle politischen Parteien mit dem Recht auf verfassungsmäßige Bildung und Ausübung einer Opposition"[58].

Die Bindung an die freiheitliche demokratische Grundordnung ist verfassungsrechtlich unbedingt verpflichtend. Die zuständigen Organe müssen daher alles tun, damit eine zukünftige gesamtdeutsche Verfassung diesen Anforderungen entspricht, und sie haben selbstverständlich alles zu unterlassen, was einer derartigen Strukturierung der gesamtdeutschen Verfassung entgegenstehen könnte.

d) Darüber hinaus bestehen keine verfassungsrechtlichen Bindungen. Das besagt aber nicht, daß es den zuständigen Organen untersagt wäre, *weitere Vorbedingungen* gegenüber den Organen der DDR in dem Verfahren nach Art. 146 GG aufzustellen[59].

Naheliegend sind vor allem solche (weiteren) Vorbedingungen, die zwar nicht als verfassungsgeboten, aber als *verfassungsgewollt* erscheinen. Zu denken wäre hierbei insbesondere an das *Bundesstaatsprinzip*. Die "Gliederung des Bundes in Länder" und die "grundsätzliche Mitwirkung der Länder

---

[56] Im Ergebnis ebenso *Kim*, in: von Münch (Hrsg.), Grundgesetz-Kommentar, Art. 146, RdNr. 7 m.w.N.

[57] BVerfGE 2, 1/12 f.; vgl. etwa auch E 5, 85/140; E 44, 125/145.

[58] Ausführlich dazu etwa *Stern*, Staatsrecht I, § 16, II.

[59] Vgl. auch *Scheuner*, DÖV 1953, S. 582.

C) Die Stellung der Bundesländer im Prozeß einer Verfassunggebung 49

bei der Gesetzgebung" ist vom Grundgesetz in Art. 79 Abs. 3 dem verfassungsändernden Gesetzgeber entzogen, hat also für unsere Verfassung einen sehr hohen Stellenwert. Es tritt hinzu, daß das föderale Prinzip Elemente der freiheitlichen demokratischen Grundordnung zu stützen und substantiell zu ergänzen vermag. Das gilt z.B. für das Prinzip der Opposition, in dem der Bundesstaat "Formen eines Einbaus der Opposition in die demokratische Ordnung, der Auflockerung der inneren Ordnung der Parteien und Verbände, der Aufgliederung in kleinere Einheiten mit ihrer rationalisierenden Wirkung schafft"; das gilt z.B. für das Prinzip der Gewaltenteilung, in dem der Bundesstaat durch die horizontale Teilung der Gewalten (zusätzlich) "machthemmende, namentlich aber Funktionen zuordnende Wirkungen entfaltet"[60]. Es kann also kein Zweifel daran bestehen, daß das Bundesstaatsprinzip als eine verfassungsgewollte Vorbedingung im Blick auf eine gesamtdeutsche Verfassung anzusehen ist.

Schließlich dürfte ein Vorbereitungsgesetz, das ein Bundesstaatsprinzip nicht zur Bedingung macht oder auch nur die Bedeutung der Länder in einem gesamtdeutschen Staat verringert, kaum die erforderliche Zweidrittelmehrheit der Bundesländer erhalten. Der Freistaat Bayern wäre aufgrund des Art. 178 BV sogar verpflichtet, ein solches Gesetz abzulehnen. Das Bundesstaatsprinzip ist daher nicht nur eine verfassungsgewollte, sondern auch eine *politisch unverzichtbare* Vorbedingung.

III. Das Subjekt der Verfassungserzeugung und seine Konstituierung
1. Gesamtdeutsche Nationalversammlung

Entsprechend der Idee der Volkssouveränität ist das (Staats-) Volk Träger der verfassunggebenden Gewalt[61]. Subjekt der Verfassungserzeugung für eine gesamtdeutsche Verfassung ist daher das deutsche Volk[62]. Dies ergibt sich aus der Präambel des Grundgesetzes und insbesondere auch aus Art. 146 GG, der einen Beschluß des "deutschen Volkes" verlangt.

---

[60] Näher dazu *Konrad Hesse*, Grundzüge des Verfassungsrechts der Bundesrepublik Deutschland, 16. Aufl. (1988), RdNrn. 271 ff., insbes. RdNrn. 273, 276.

[61] Dazu *Stern*, Staatsrecht I, § 5, I, 2, b m.z.N.

[62] *Murswiek*, Die verfassunggebende Gewalt, S. 123.

Die in Art. 146 GG aufgestellte Forderung nach einem *Beschluß* des deutschen Volkes zeigt überdies, daß ein Verfahren gewählt werden muß, in dem das Volk ausschlaggebenden Einfluß auf die Verfassunggebung hat, und das sicherstellt, "daß die Verfassung tatsächlich auf den Willen des Volkes zurückgeht"[63]. Andernfalls könnte sie ihren Geltungsanspruch nicht auf die Idee der Volkssouveränität gründen und ihre Legitimität im Sinne ihrer Anerkennungswürdigkeit müßte zweifelhaft erscheinen[64]. Auch in den Verhandlungen des Parlamentarischen Rates wurde im übrigen für das Zustandekommen des Grundgesetzes vielfach die Durchführung eines Volksentscheids gefordert, wie die Materialien zu Art. 144 GG belegen[65]. Diese Vorstellungen konnten sich nur wegen der zu diesem Zeitpunkt bestehenden Sondersituation nicht durchsetzen. Eine Verfassunggebung im Sinne des Art. 146 GG jedenfalls betrifft die Normalsituation, in der ein plebiszitärer Akt unumgänglich ist.

Das Volk als solches ist aber in der Regel kein hinreichend handlungsfähiger pouvoir constituant, so daß es einer Vermittlung bedarf, die in den meisten Fällen "durch" eine Nationalversammlung erfolgt[66]. Im Laufe der geschichtlichen Entwicklung haben sich dabei zwei Arten herausgebildet: die *beschließende* und die *entwerfende* (beratende) Nationalversammlung[67]. Ihrer unterschiedlichen Kompetenz entsprechend ist auch die Art der Konstituierung unterschiedlich.

2. Art der Konstituierung

a) Eine *beschließende Nationalversammlung* geht im Regelfall aus allgemeinen Wahlen hervor, die diesem Gremium Legitimität verleihen und die

---

[63] *Murswiek*, Die verfassunggebende Gewalt, S. 125 ff., 129. Vgl. auch *Häberle*, JZ 1990, Heft 8.

[64] Vgl. auch *Mußgnug*, in: Handbuch des Staatsrechts I, § 6, RdNr. 98, unter Bezug auf die deutsche Verfassungstradition.

[65] JöR n.F. 1 (1951), S. 919 ff.

[66] *Stern*, Staatsrecht I, § 5, I, 2 b, m.N.; vgl. außerdem etwa *von Mangoldt*, Das Bonner Grundgesetz (1953), Art. 146, Anm. 2; *F. Klein*, in: Gedächtnisschrift für W. Jellinek, S. 132; *Bodo Dennewitz*, in: Bonner Kommentar, Art. 146, Anm. 2; *Maunz*, in: Maunz / Dürig, Kommentar zum Grundgesetz, Art. 146, RdNr. 10; *Ellwein*, in: Festschrift für Nawiasky, S. 93 f.

[67] Allgemein dazu *Stern*, Staatsrecht I, § 5, I, 2, c; *Maunz / Zippelius*, Deutsches Staatsrecht, 27. Aufl. (1988), § 6, I, 1.

C) Die Stellung der Bundesländer im Prozeß einer Verfassunggebung

spezifisch auf die Volkssouveränität bezogene "Urbefugnis" der Verfassunggebung überantworten. Eine weitere Beteiligung des Volkes für das Zustandekommen der Verfassung, etwa in Form einer Volksabstimmung, ist nicht erforderlich, aber auch nicht unzulässig[68]. Die Beschlußfassung durch die Nationalversammlung genügt. Ein prägnantes Beispiel für eine derartige Verfahrensgestaltung bildet die Weimarer Nationalversammlung[69]. Sie wurde direkt vom Volk gewählt und zugleich ausdrücklich mit der verfassunggebenden Gewalt betraut.

Im Gegensatz dazu besteht eine *entwerfende (beratende) Nationalversammlung* in der Regel zu einem großen Teil aus Fachleuten, die in einer indirekten Wahl durch staatliche Organe für diese Aufgabe bestimmt werden. Ein solches Gremium beschränkt sich darauf, einen Verfassungsentwurf zu erstellen. Für das Inkrafttreten des Entwurfs bedarf es noch eines eigenen Beschlusses, der durchweg in Form einer Volksabstimmung gefaßt wird. Auf diese Weise entstanden zwischen 1946 und 1947 in den westlichen Besatzungszonen die Landesverfassungen. Sie wurden in entsprechenden Gremien beraten, als Entwurf beschlossen und traten in Kraft, nachdem sie das jeweilige Landesvolk gebilligt hatte[70].

b) Angesichts der unterschiedlichen Konstituierungsmöglichkeiten einer verfassunggebenden Gewalt stellt sich die Frage, ob Art. 146 GG eine bestimmte Verfahrensweise zwingend vorschreibt. Im Schrifttum wird dies gelegentlich behauptet. So meint z.B. Friedrich Klein[71] Art. 146 GG verlange eine vom gesamten deutschen Volk in freien, allgemeinen, gleichen und geheimen Wahlen legitimierte Nationalversammlung als pouvoir constituant du peuple. Eine solche Behauptung läßt sich an Hand des Grundgesetzes aber nicht beweisen und kann sich überdies auch nicht auf ein allgemeines staatsrechtliches Prinzip berufen. Art. 38 Abs. 1 GG scheidet von vornherein aus, weil er sich lediglich auf die Wahlen zum Deutschen Bundestag bezieht.

---

[68] Dazu *Udo Steiner*, Verfassunggebung und verfassunggebende Gewalt des Volkes (1966), S. 106.

[69] Vgl. *Mußgnug*, in: Handbuch des Staatsrechts I, § 6, RdNr. 98.

[70] Vgl. *Christian Pestalozza*, Verfassungen der deutschen Bundesländer, 3. Aufl. (1988), S. 11.

[71] in: Gedächtnisschrift für W. Jellinek, S. 132. Ebenso etwa *Maunz*, in: Maunz / Dürig, Kommentar zum Grundgesetz, Art. 146, RdNr. 10; *Dennewitz*, in: Bonner Kommentar, Art. 146, Anm. 2.

Art. 146 GG mißt dem Beschluß des deutschen Volkes über eine gesamtdeutsche Verfassung zwar entscheidendes Gewicht bei, legt aber keine Einzelheiten darüber fest, wie diese "freie Entscheidung" des Volkes zu ergehen hat. Auch eine historisch-genetische Auslegung fördert insoweit keine Anhaltspunkte zutage. Im allgemeinen Redaktionsausschuß des Parlamentarischen Rates wurde zwar zeitweilig ein Entwurf präferiert, der die freie Wahl einer gesamtdeutschen Nationalversammlung vorsah[72]. Der Vorschlag konnte sich aber nicht durchsetzen. Es muß daher davon ausgegangen werden, daß der offene Wortlaut des Art. 146 GG beide Altvernativen zuläßt[73], also sowohl die unmittelbar durch das Volk gewählte beschließende wie auch die durch staatliche Organe besetzte, lediglich entwerfende Nationalversammlung, deren Entwurf dann einer unmittelbaren Zustimmung durch das Volk (Plebiszit) bedarf.

c) Eine Entscheidung für die eine oder andere Lösung wird zunächst zu berücksichtigen haben, daß das Grundgesetz selbst durch eine verfassunggebende Versammlung entwerfender Natur (Parlamentarischer Rat) zustande gekommen ist (Art. 144 Abs. 1, 145 Abs. 1 GG), deren Mitglieder indirekt, nämlich durch die Landtage der Länder, gewählt wurden, und daß man hinsichtlich der Zusammensetzung und der Arbeit des Parlamentarischen Rates sehr positive Erfahrungen gemacht hat[74]. Die Vorteile dieser Verfahrensweise liegen auf der Hand. Die indirekte Wahl über die Landtage der BR Deutschland und ggf. der Landtage der (neu konstituierten) Länder der DDR müßte am besten gewährleisten, daß auch das Gesamtdeutschland bundesstaatlich verfaßt wird. Gerade eine bundesstaatliche Verfassung könnte bei einer (entwerfenden) Nationalversammlung z.B. aus Abgeordneten des Bundestages und der Volkskammer[75] nicht in gleichem Maße garantiert werden. Überdies sollte eine Beschränkung auf Abgeordnete als Mitglieder einer Nationalversammlung vermieden werden; die Gefahr einer hartleibig-parteipolitischen Blockbildung wäre bei einer solchen Zusammensetzung sehr groß. Bei der indirekten Wahl über die Landtage müßten da-

---

[72] JöR, n.F. 1 (1951), S. 925.

[73] Ebenso z.B. *Kirn*, in: von Münch (Hrsg.), Grundgesetz-Kommentar, Art. 146, RdNr. 5. Vgl. ähnlich *Murswiek*, Die verfassunggebende Gewalt, S. 130 und ausführlich dazu auch *Steiner*, Verfassunggebung, S. 95 ff.

[74] Vgl. insbes. *Mußgnug*, in: Handbuch des Staatsrechts I, § 6, RdNrn. 33 ff.; 47 ff.

[75] Eine solche Konstruktion schwebt offenbar der SPD vor: siehe FAZ Nr. 82 vom 6. April 1990, S. 4.

her auch Nicht-Abgeordnete in Betracht gezogen werden. Dies böte den nicht hoch genug einzuschätzenden Vorteil, daß – unabhängig von einem Status als (Berufs-) Politiker – Persönlichkeiten ausgewählt werden könnten, die sich durch Lebenserfahrung, Bildung und spezifische Kenntnisse insbesondere auf rechtshistorischem und staatsrechtlichem Gebiet auszeichnen. Damit wäre der Gefahr einer Emotionalisierung und Ideologisierung der Beratungen am besten vorgebeugt und zugleich optimal sichergestellt, daß die vornehmlich sachbezogenen Beratungen zu einem Entwurf gelangen, der – wie das Grundgesetz – die freiheitliche demokratische Grundordnung ebenso als Kern einer gesamtdeutschen Verfassung konstituieren.

d) Diese Erwägungen können freilich nicht bedeuten, daß Bundestag und Bundesrat als die zuständigen Organe verfassungsrechtlich gezwungen sind, den Weg der verfassungsentwerfenden Nationalversammlung mit anschließendem Plebiszit im Vorbereitungsgesetz zu verankern, und die Mitglieder einer solchen Versammlung durch die Landtage auswählen zu lassen. Die Vorteile eines solchen Verfahrens sind rechtlich nicht meßbar und ebensowenig läßt sich einwandfrei nachweisen, daß allein dieser Weg die Konstituierung der freiheitlichen demokratischen Grundordnung und darüber hinaus auch des Bundesstaatsprinzips in einer gesamtdeutschen Verfassung sichert. Andererseits aber kann auch nicht bestritten werden, daß die Verfassunggebung durch eine beschließende Nationalversammlung sehr viel größere Ungewißheiten im Blick auf eine Verankerung der freiheitlichen demokratischen Grundordnung und das Bundesstaatsprinzip mit sich bringt. Zudem muß hier in Erinnerung gebracht werden, daß die zuständigen Organe im Vorverfahren der Verfassunggebung unbedingt an die freiheitliche demokratische Grundordnung gebunden sind und daher alles zu unternehmen haben, damit eine zukünftige gesamtdeutsche Verfassung diesen Anforderungen entspricht, und daß eine Verankerung des bundesstaatlichen Prinzips jedenfalls verfassungsgewollt ist[76].

Die Entscheidung über die Art der Konstituierung muß daher von einem *besonders hohen verfassungspolitischen Verantwortungsgefühl* getragen sein und in diesem Sinne besteht die – rechtlich nicht einklagbare – Pflicht, nach bestem Wissen und Gewissen den Weg der Verfassunggebung zu wählen, durch den die Aufnahme der vom Grundgesetz gewünschten Strukturen in eine gesamtdeutsche Verfassung optimal gesichert wird. Der politische Ent-

---

[76] Siehe 2. Kap., C, 1. Abschn., II, 2, c, d.

scheidungsspielraum ist daher *faktisch* erheblich verengt. Die Bundesländer jedenfalls werden einer Lösung über Art. 146 GG nur zustimmen können, wenn das Vorbereitungsgesetz die unter Buchstabe c) entwickelten Verfahrensweisen zwingend festschreibt.

IV. Mitwirken der Bundesländer beim Inkrafttreten einer gesamtdeutschen Verfassung

Problematisch ist, ob das Inkrafttreten der gesamtdeutschen Verfassung, unabhängig von der Art ihres Zustandekommens, auch von einer *Zustimmung der Bundesländer* (sowie ggf. der neu konstituierten Länder der DDR) abhängig gemacht werden kann oder muß.

Eine entsprechende Verfahrensgestaltung könnte sich auf Art. 144 Abs. 1 GG gründen. Danach war für das Zustandekommen des Grundgesetzes dessen Annahme durch die Volksvertretungen in zwei Dritteln der deutschen Länder erforderlich. Eine unmittelbare Geltung dieser Bestimmung scheidet bei einer Verfassunggebung nach Art. 146 GG jedenfalls aus, weil sie sich schon ihrem Wortlaut nach allein mit dem Zustandekommen des Grundgesetzes befaßt. Aber auch auf andere Weise, etwa analog oder als Ausdruck traditioneller Entstehung von Verfassungen, kann Art. 144 Abs. 1 GG keine Wirkung entfalten. Die Vorschrift widerspricht sogar demokratischer Tradition deutscher Verfassunggebung[77]. Zudem würde ein konstitutives Annahmerecht der Bundesländer dem Grundgedanken der Volkssouveränität widersprechen. Die gesamtdeutsche Verfassung entsteht (auch nach Art. 146 GG) nicht durch Vertrag der Bundesländer, sondern durch einen schöpferischen Akt des deutschen Volkes. Dessen verfassunggebende Gewalt ist einheitlich und unteilbar, mit der Folge, daß andere Organe bei der Entscheidung über eine neue Grundordnung nicht gleichberechtigt mitwirken dürfen[78]. Dies gilt auch für die Bundesländer. Ihnen darf keine Rechtsposition zugestanden werden, die es ihnen ermögliche, die Entscheidung des

---

[77] *Stern*, Staatsrecht II, § 25 II, 3 (Fn. 111) spricht von einem "Annahmeverfahren minderen Ranges". Vgl. auch *Georg August Zinn*, Der Bund und die Länder, AöR 75 (1949), S. 293 sowie *Mußgnug*, in: Handbuch des Staatsrechts I, § 6 RdNr. 98.

[78] Siehe auch 2. Kap., C, 1. Abschn., III, 1 sowie etwa *Maunz*, Deutsches Staatsrecht, 2. Aufl. (1952), S. 43.

C) Die Stellung der Bundesländer im Prozeß einer Verfassunggebung 55

Volkes zu blockieren bzw. das Inkrafttreten einer gesamtdeutschen Verfassung (in einer bestimmten Form) zu verhindern.

Aus dem Grundsatz der Volkssouveränität kann aber wiederum nicht gefolgert werden, daß damit jeder zustimmende Akt der Gliedstaaten von vornherein unzulässig ist. Das Grundgesetz fordert deren Billigung nicht, steht im übrigen aber einer Annahme durch die Bundesländer nicht entgegen, sofern das Plebiszit für das Zustandekommen einer gesamtdeutschen Verfassung letztlich ausschlaggebend bleibt. In diesem Rahmen steht es Bundestag und Bundesrat als den für das Vorbereitungsgesetz zuständigen Organen frei, für das Annahmeverfahren das Erfordernis einer rechtlich nicht konstitutiven bestätigenden Zustimmung der Gliedstaaten gesetzlich festzulegen. Deren Mitwirkung besitzt trotz fehlender potestas ein besonderes Gewicht, weil sie die neue Grundordnung auf eine breitere Grundlage stellt und auf diese Weise deren Akzeptanz erhöht. Gerade bei umstrittenen Regelungsinhalten könnte ein positives Votum der Länder zur Integration beitragen und bestehende (ideologische) Gegensätze entschärfen. Auf der anderen Seite zwingt die Gefahr einer späteren ablehnenden Stellungnahme durch die Landtage die Nationalversammlung, gliedstaatliche Interessen bei der Erstellung des Verfassungsentwurfs zu berücksichtigen, weil eine Mißbilligung der gesamtdeutschen Verfassung durch die Länder zwar nicht ihre rechtliche, aber doch ihre politische Legitimation in Frage stellen würde. Ein solches Risiko wird die Nationalversammlung nicht eingehen, so daß für sie die Berücksichtigung von Länderinteressen zu einer faktischen Notwendigkeit wird und sich *den Ländern die tatsächliche Möglichkeit einer partiellen Mitwirkung am verfassunggebenden Prozeß eröffnet.*

Diese Möglichkeit partieller Mitwirkung dürfte für die Länder ein besonders wichtiges Instrument sein, um ihre Interessen durchzusetzen. Ohne eine Verankerung des – rechtlich nicht konstitutiven – Zustimmungserfordernisses der Länder für das Inkrafttreten einer gesamtdeutschen Verfassung, wird es der Bundesrat daher ablehnen, den Weg über Art. 146 GG zu gehen.

2. Abschnitt

Beratung und Beschließung einer gesamtdeutschen Verfassung

Erinnert sei an die Feststellung am Ausgangspunkt unserer Überlegungen[79]: Die *scharfe* Trennung von Verfassunggebung und Verfassungsänderung kann für den Fall des Art. 146 GG keine Geltung beanspruchen. Art. 146 GG begründet eine *Mischform*, wobei im Vorverfahren der Akzent mehr auf Verfassungsänderung, bei der Schaffung der Verfassung selbst dagegen das eigentliche Gewicht auf der Verfassunggebung liegt.

Art. 146 GG selbst stellt das Erfordernis der "freien Entscheidung" auf, das sich gerade auch und zunächst auf die verfassunggebende Gewalt, auf das *Zustandekommen* der gesamtdeutschen Verfassung bezieht. Der Auffassung von Stern[80], daß die Voraussetzung einer "freien Entscheidung" eine Bindung des gesamtdeutschen pouvoir constituant darstellt, weil nur dann das Grundgesetz seine Gültigkeit verliert, ist insoweit ohne Einschränkung zu unterstreichen. Eine freie Entscheidung ohne die Freiheit der Mitglieder des Gremiums, das die Verfassung beschließt oder auch nur entwirft, ist nicht denkbar. Diese Mitglieder können nicht schlechter gestellt sein als "normale" Parlamentarier. Zugleich will Art. 146 GG den Verfassunggeber binden, indem er ihn auf den Erhalt der freiheitlichen demokratischen Grundordnung verpflichtet. Verstößt der Verfassunggeber gegen diese Verpflichtung, dann ist dies eine Verletzung des Art. 146 GG und damit illegal. Rechtlich durchsetzbar aber ist die Verpflichtung auf die freiheitliche demokratische Grundordnung nicht; gleiches gilt natürlich erst recht für die vom Grundgesetz gewollte föderale Verfaßtheit eines deutschen Gesamtstaates und für weitere Vorgaben-Regelungen im Vorbereitungsgesetz. Alle Beschwörungen, das Grundgesetz möge auch einer neuen gesamtdeutschen Verfassung als Vorbild dienen, sie möge sich an diesem orientieren und es in möglichst auch textlicher Übereinstimmung übernehmen[81], sind nicht mehr als gut gemeinte Ratschäge, müssen aber frommer Wunsch und Hoff-

---

[79] 2. Kap., C, vor 1. Abschn.

[80] Staatsrecht I, § 5, IV, 7, a. Vgl. auch oben 2. Kap., C, 1. Abschn., II, 2, a.

[81] Vgl. etwa *Benda*, in: Wirtschaftswoche Nr. 12 vom 16. März 1990, S. 172.

C) Die Stellung der Bundesländer im Prozeß einer Verfassunggebung

nung bleiben. Die Nationalversammlung kann alle Bindungen kappen[82]. Letzten Endes ist allein entscheidend, ob sich das Ergebnis ihrer Beratungen, die gesamtdeutsche Verfassung, beim Volk durchsetzt, als anerkennungswürdig akzeptiert wird oder nicht. Nach Ablauf des Vorverfahrens greift voll durch, was oben[83] zur rechtlichen Bindungslosigkeit der verfassunggebenden Gewalt ausgeführt wurde. Zugleich bestätigt sich, daß der Weg über Art. 146 GG unabsehbare Gefahren für die Aufrechterhaltung der freiheitlichen demokratischen Grundordnung mit sich bringt[84], und auch die Verfaßtheit Gesamtdeutschlands als Bundesstaat nicht zu gewährleisten ist. Der Weg über Art. 146 GG sollte daher von vornherein nicht beschritten werden. Die Länder haben es in der Hand.

---

[82] Dies wird klar gesehen von *Häberle*, JZ 1990, Heft 8: "Freilich bliebe dem gesamtdeutschen Volk das letzte Wort."

[83] 2. Kap., A.

[84] 2. Kap., B.

Zusammenfassung

I.

1. Ausdrücklich sieht das Grundgesetz zwei Wege der Wiedervereinigung vor: den Beitritt nach Art. 23 S. 2 und den Zusammentritt nach Art. 146 GG. Daneben sind weitere Varianten über Art. 24 GG möglich, aber nicht (mehr) ernsthaft in der Diskussion.

2. Gemäß Art. 23 S. 2 GG ist nach dem Beitritt einzelner Teile (Länder) oder der gesamten DDR das Grundgesetz dort in Kraft zu setzen. Im Gegensatz zu Art. 146 GG bedarf es in einem solchen Fall keiner neuen Verfassung. Das Grundgesetz bleibt uneingeschränkt in Geltung und dehnt seinen Anwendungsbereich auf die beitretenden "anderen Teile Deutschlands" aus. Der Beitritt als der die Vereinigung begründende Akt steht in der Kompetenz des Beitretenden. Aus politischen, faktischen und rechtlichen Gründen haben aber der Beitrittserklärung eingehende Verhandlungen zwischen den beitretenden Teilen oder der DDR insgesamt und der BR Deutschland vorauszugehen, die zur einem mehrstufigen Eintrittsverfahren mit Übergangs- und Anpassungsregelungen führen werden.

3. Der Weg einer Wiedervereinigung über Art. 146 GG hat eine gesamtdeutsche Verfassung zum Ziel. Verfassunggebende Gewalt ist das gesamtdeutsche Staatsvolk, das die neue Verfassung in freier Entscheidung beschließt. Mit ihrem Inkrafttreten verliert das Grundgesetz seine Gültigkeit. Dazwischen liegt keine "logische Sekunde", in der die Bundesländer die volle Selbständigkeit zurückerhalten und auch die Entscheidung darüber treffen könnten, ob sie einem gesamtdeutschen Bundesstaat angehören wollen oder nicht.

4. Beitritt und Zusammentritt sind vom Grundgesetz gleicherweise vorgesehen. Liegen also die tatbestandsmäßigen Voraussetzungen der beiden Bestimmungen vor, dann steht es im politischen Gestaltungsermessen der zuständigen Organe, welchen Weg sie wählen. Wird aber der Beitritt nach Art.

23 S. 2 GG begangen und ist damit die Vereinigung Deutschlands unter dem Grundgesetz vollendet, ist Art. 146 GG verbraucht und kann keine Anwendung mehr finden.

5. Das Europäische Gemeinschaftsrecht und Vorbehalte der Siegermächte stehen einer Wiedervereinigung Deutschlands nicht entgegen.

II.

6. Bei der gegebenen faktischen Situation ist der Weg des Art. 146 GG mit großen Ungewißheiten und Risiken beladen. Das deutsche Volk ist derzeit nicht in der Verfassung, eine Verfassung zu konstituieren. Wird trotzdem diese Alternative der Konstituierung einer neuen gesamtdeutschen Verfassung gewählt, so muß von dem Grundsatz ausgegangen werden, daß die verfassunggebende Gewalt keinen rechtlichen Bindungen unterliegt. Eine gewisse Selbstbindung ist allerdings nicht von vornherein ausgeschlossen.

7. Einerseits kann kein Zweifel daran bestehen, daß Art. 146 GG die verfassunggebende Gewalt zum Regelungsgegenstand hat, andererseits bestimmt die Vorschrift, daß das Grundgesetz erst im Zeitpunkt des Inkrafttretens einer gesamtdeutschen Verfassung außer Kraft tritt, bis dahin also uneingeschränkte Geltung beansprucht. Es tritt hinzu, daß das Grundgesetz für seine eigene Ersetzung ausdrücklich ein – wenn auch lückenhaftes – rechtlich geordnetes Verfahrens dekretiert.

Unter diesen Umständen kann die nach überwiegender Meinung notwendige Trennung zwischen Verfassunggebung und Verfassungsänderung für den Fall des Art. 146 GG nicht in voller Schärfe aufrecht erhalten werden. Art. 146 GG begründet eine Mischform, wobei im Vorverfahren der Akzent mehr auf Verfassungsänderung, bei der Schaffung der Verfassung selbst dagegen das eigentliche Gewicht auf der Verfassunggebung liegt.

8. Das Vorverfahren der Verfassunggebung kann daher einer Reihe von Regulierungen unterworfen werden. Dabei geht es allein darum, inwieweit das Grundgesetz den Weg zu einer neuen gesamtdeutschen Verfassung und ihren Inhalt vorbestimmen wollte und welche Bindungen es dementsprechend den zuständigen bundesrepublikanischen Organen auferlegt. Der gesamtdeutsche pouvoir constituant selbst läßt sich dadurch nicht wirksam

binden. Setzt er sich über die Vorgaben hinweg, dann muß dies zwar im Sinne des Art. 146 GG als illegal (revolutionär) qualifiziert werden. Entscheidend ist aber letzten Endes allein, ob die neue Verfassung von der gewichtigen Mehrheit des Volkes akzeptiert oder wenigstens hingenommen wird.

9. Bereits die Grundentscheidung darüber, ob die Alternative des Art. 146 GG gewählt wird, bedarf in analoger Anwendung des Art. 79 Abs. 2 GG der Zustimmung von zwei Drittel der Mitglieder des Bundestages und zwei Drittel der Stimmen des Bundesrates. Die Entscheidung liegt im politischen Gestaltungsermessen des Gesetzgebers, auch soweit das Zustimmungserfordernis der Länder im Bundesrat in Betracht steht; für den Freistaat gilt nichts besonderes, weil Art. 178 BV keine Verpflichtung enthält, einen bestimmten Weg der Wiedervereinigung (mit)zugehen.

10. Besteht eine Neigung, die Wiedervereinigung mit der Konstituierung einer neuen gesamtdeutschen Verfassung gem. Art. 146 GG zu verbinden, dann muß der Grundentscheidung eine Einigung über das Verfahren und über das Ziel bzw. den wesentlichen Inhalt einer solchen Verfassung vorausgehen. Inhaltlich ist hier der Freistaat Bayern durch Art. 178 BV besonders gebunden: er darf nur zustimmen, wenn gesichert erscheint, daß die gesamtdeutsche Verfassung ein föderales Prinzip normiert, das nicht hinter dem derzeitigen Niveau (unter Geltung des Grundgesetzes) zurückbleibt.

11. Grundentscheidung und Vorgaben-Regelung lassen sich nicht voneinander trennen. Beide Entscheidungen sind von gleichem verfassungsrechtlichen Gewicht, so daß nicht nur die Grundentscheidung, sondern ebenso die Vorgaben-Regelung den Erfordernissen des Art. 79 Abs. 2 GG genügen muß. Es liegt auch nahe, beides in einem Gesetz ("Vorbereitungsgesetz") zu normieren.

12. Das Erfordernis einer freien Entscheidung in Art. 146 GG bezieht sich jedenfalls und zunächst auf das Zustandekommen der Verfassung, wobei ein geordnetes Verfahren diese Freiheit sicherzustellen hat. Darüber hinaus geht es Art. 146 GG aber auch darum, eine gewisse verfassungsrechtliche Kontinuität und in diesem Sinne die Freiheit für die Zukunft zu sichern. Festgeschrieben werden soll die Bindung an die freiheitliche demokratische Grundordnung als dem unabdingbaren Kern des Grundgesetzes und jeder freiheitlichen Ordnung. Die zuständigen Organe haben dement-

sprechend alles zu tun, damit eine zukünftige Verfassung Gesamtdeutschlands diesen Anforderungen genügt.

13. Darüber hinaus können die zuständigen Organe der Bundesrepublik weitere Vorbedingungen gegenüber den Organen der DDR aufstellen. In erster Linie ist hier an das Bundesstaatsprinzip zu denken, das nicht zur freiheitlichen-demokratischen Grundordnung gehört, sie aber zu stützen und substanziell zu ergänzen vermag.

14. Subjekt der Verfassungserzeugung ist das deutsche Volk. Es übt die verfassunggebende Gewalt durch eine beschließende oder durch eine entwerfende Nationalversammlung aus. Die beschließende Nationalversammlung geht in der Regel aus allgemeinen Wahlen hervor und die Verfassung kommt ohne weitere Beteiligung des Volkes durch ihren Beschluß zustande. Bei der entwerfenden Nationalversammlung, die lediglich einen Verfassungsentwurf verabschiedet, bedarf es für das Inkrafttreten der Verfassung noch eines eigenen Beschlusses, der durchweg in Form einer Volksabstimmung gefaßt wird.

15. Art. 146 GG gibt keine bestimmte Verfahrensweise zwingend vor; er läßt beide Alternativen zu. Vorzug verdient die entwerfende Nationalversammlung, deren Mitglieder durch die Landtage der Gliedstaaten ausgewählt werden sollten, weil auf diese Weise die Erhaltung des föderalen Prinzips in einer gesamtdeutschen Verfassung am besten gewährleistet werden kann. Die Auswahl sollte nicht auf Abgeordnete beschränkt werden; dies hätte den besonderen Vorteil, daß – unabhängig von einem Status als (Berufs-) Politiker – Persönlichkeiten ausgewählt werden könnten, die sich durch Lebenserfahrung, Bildung und spezifische Kenntnisse insbesondere auf rechtshistorischem und staatsrechtlichem Gebiet auszeichnen.

Die Bundesländer werden einer Lösung über Art. 146 GG nur zustimmen können, wenn das Vorbereitungsgesetz diese Verfahrensweisen zwingend festschreibt.

16. Die Unteilbarkeit der verfassunggebenden Gewalt verbietet nicht die Mitwirkung der Gliedstaaten am Zustandekommen der gesamtdeutschen Verfassung in Form eines Zustimmungsaktes, solange das Plebiszit ausschlaggebend bleibt. Im Vorbereitungsgesetz kann daher für das Annahmeverfahren das Erfordernis einer rechtlich nicht konstitutiven, bestätigenden

Zustimmung der Gliedstaaten festgelegt werden. Eine Verweigerung der Zustimmung würde die politische Legitimation der gesamtdeutschen Verfassung in Frage stellen. Ein solches Risiko wird die Nationalversammlung nicht eingehen, so daß für sie die Berücksichtigung der Länderinteressen zu einer faktischen Notwendigkeit wird.

17. Mit der Konstituierung der Nationalversammlung endet der durchsetzbare Einfluß des Grundgesetzes, speziell auch von Art. 146 GG und eines Vorbereitungsgesetzes. Das liegt im Wesen der pouvoir constituant originaire.

18. Es bestätigt sich damit, daß der Weg über Art. 146 GG unabsehbare Gefahren für die Aufrechterhaltung der freiheitlichen demokratischen Grundordnung mit sich bringt, und bei Wahl dieser Alternative auch die Verfaßtheit Gesamtdeutschlands als Bundesstaat nicht zu gewährleisten ist. Die "große" Lösung über Art. 146 GG muß daher gemieden werden.

Literaturverzeichnis

Anschütz, Gerhard: Die Verfassung des Deutschen Reiches, 14. Aufl. (1933).

Benda, Ernst: Einheit durch Dialog, in: Wirtschaftswoche Nr. 12 vom 16. März 1990, S. 169 ff.

Bernhardt, Rudolf: Die deutsche Teilung und der Status Gesamtdeutschlands, in: Isensee / Kirchhof (Hrsg.), Handbuch des Staatsrechts I (1987), § 8.

Berg, Wilfried: Zonenrandförderung (1989).

Beyme, Klaus von: Die verfassunggebende Gewalt des Volkes (1968).

Blumenwitz, Dieter: Vorbemerkung zu Art. 50 - 53 GG, in: Bonner Kommentar (1978).

Böckenförde, Ernst-Wolfgang / Grimm, Dieter: Nachdenken über Deutschland, in: Der Spiegel Nr. 10/1990, S. 72 ff.

Bryde, Brun-Otto: Kommentierung zu Art 79 GG, in: von Münch (Hrsg.), Grundgesetz-Kommentar, Bd. 3., 2. Aufl. (1983).

— Entscheidungen und Beteiligte im Gesetzgebungsverfahren, in: Schneider / Zeh (Hrsg.), Parlamentsrecht und Parlamentspraxis in der Bundesrepublik Deutschland (1989), § 30.

Constantinesco, Leontin-Jean: Das Recht der Europäischen Gemeinschaft, Bd. 1 (1977).

Dennewitz, Bodo: Kommentierung zu Art. 146 GG, in: Bonner Kommentar (1978).

Deutscher Bundestag: Beratungen des Bundestages in der 181. Sitzung vom 14. Dezember 1956, Verhandlungen des Deutschen Bundestages. Bd. 33, Stenographische Berichte, S. 9991 ff.

— Generalbericht des Ausschusses für auswärtige Angelegenheiten, Verhandlungen des Deutschen Bundestages, Bd. 33, Stenographische Berichte, S. 10040 ff.

— Bericht des Ausschusses für Angelegenheiten der inneren Verwaltung vom 14.12.1956, Verhandlungen des Deutschen Bundestages, Bd. 33, Stenographische Bericht, S. 10087 ff.

Dichgans, Hans: Eine verfassunggebende Nationalversammlung?, ZRP 1968, S. 61 ff.

Doehring, Karl: Bindungen der Bundesrepublik aus dem Deutschlandvertrag, NJW 1971, S. 449 ff.

Ellwein, Thomas: Die Wiedervereinigung Deutschlands und der deutsche Föderalismus, in: Maunz (Hrsg.), Vom Bonner Grundgesetz zur gesamtdeutschen Verfassung, Festschrift für Nawiasky (1956), S. 91 ff.

Everling, Ulrich: Der Weg nach Deutschland ist langwierig, in: FAZ vom 15. März 1990.

Franßen, Everhardt: Grundgesetz und Ostverträge, DRiZ 1972, S. 116 ff.

Fromme, Friedrich Karl: Zwischen den Grenzsteinen des Rechts, in: FAZ vom 5. April 1990.

Füßlein, Peter: Kommentierung zu Art. 23 GG, in: Seifert / Hömig, Grundgesetz, 3. Aufl. (1988).

Grawert, Rolf: Staatsvolk und Staatsangehörigkeit, in: Isensee / Kirchhof (Hrsg.), Handbuch des Staatsrechts I (1987), § 14.

Häberle, Peter: Verfassungsinterpretation und Verfassunggebung, in: ders. (Hrsg.), Verfassung als öffentlicher Prozeß (1978), S. 182 ff.

— Verfassungspolitik für die Freiheit und Einheit Deutschlands. Ein Diskussionsbeitrag im Vormärz 1990, JZ 1990, Heft 8.

Hamann, Andreas / Lenz, Helmut: Das Grundgesetz für die Bundesrepublik Deutschland vom 23. Mai 1949, 3. Aufl. (1970).

Heller, Hermann: Staatslehre (1934), 6. Aufl. (1983).

Henke, Wilhelm: Staatsrecht, Politik und verfassunggebende Gewalt, Der Staat 19 (1980), S. 181 ff.

Hesse, Konrad: Grundzüge des Verfassungsrechts der Bundesrepublik Deutschland, 16. Aufl. (1988).

Ipsen, Hans-Peter: Europäisches Gemeinschaftsrecht (1972).

Isensee, Josef: Staat und Verfassung, in: Isensee / Kirchhof (Hrsg.), Handbuch des Staatsrechts I (1987), § 13.

Jaspers, Karl: Über Gefahren und Chancen der Freiheit, in: Der Monat 27 (1950), S. 396 ff.

Jellinek, Georg: Verfassungsänderung und Verfassungswandel (1906).

Kirchhof, Paul: Die Identität der Verfassung in ihren unabänderlichen Inhalten, in: Isensee / Kirchhof (Hrsg.), Handbuch des Staatsrechts I (1987), § 19.

Kirn, Michael: Kommentierung zu Art. 146 GG, in: von Münch (Hrsg.), Grundgesetz-Kommentar, Bd. 3, 2. Aufl. (1983).

Klein, Friedrich: Bonner Grundgesetz und Wiedervereinigung Deutschlands, in: Bachof / Drath / Gönnewein / Walz (Hrsg.), Forschungen und Berichte aus dem öffentlichen Recht. Gedächtnisschrift für Walter Jellinek (1955), S. 119 ff.

Küchenhoff, Erich: Die Verfassungsmäßigkeit des Warschauer Vertrages, in: Presse- und Informationsamt der Bundesregierung (Hrsg.), Bulletin vom 8. Dezember 1970, S. 1822 ff.

Mangoldt, Herrmann von: Das Bonner Grundgesetz, Kommentar (1953).

Mangoldt, Herrmann von / Klein, Friedrich: Das Bonner Grundgesetz, Bd. I, 2. Aufl. (1966).

Maunz, Theodor: Kommentierung zu Art. 23 und Art. 146 GG, in: Maunz / Dürig, Kommentar zum Grundgesetz, 6. Aufl. (Stand: November 1988).

— Deutsches Staatsrecht, 2. Aufl. (1952).

— Die verfassunggebende Gewalt im Grundgesetz, DÖV 1953, S. 645 ff.

Münch, Ingo von: Kommentierung zu Art. 23 GG, in: ders. (Hrsg.), Grundgesetz-Kommentar, Bd. 2, 2. Aufl. (1983).

Murswiek, Dieter: Die verfassunggebende Gewalt nach dem Grundgesetz der Bundesrepublik Deutschland (1978).

Mußgnug, Reinhard: Zustandekommen des Grundgesetzes und Entstehen der Bundesrepublik Deutschland, in: Isensee / Kirchhof (Hrsg.), Handbuch des Staatsrechts I (1987), § 6.

Pestalozza, Christian: Verfassungen der deutschen Bundesländer, 3. Aufl. (1988).

Prantl, Herbert: Eine Verfassung für Übergang und Ewigkeit, in: SZ vom 9. April 1990.

Ress, Georg: Grundlagen und Entwicklung der innerdeutschen Beziehungen, in: Isensee / Kirchhof (Hrsg.) Handbuch des Staatsrechts I (1987), § 11.

— Die Rechtslage Deutschlands nach dem Grundlagenvertrag vom 21. Dezember 1972.

Reuter, Konrad: Der Bundesrat als Parlament der Länderregierungen, in: Schneider / Zeh (Hrsg.), Parlamentsrecht und Parlamentspraxis in der Bundesrepublik Deutschland (1989), § 56.

Roggemann, Herwig: Die DDR-Verfassungen. Einführung in das Verfassungsrecht der DDR, 4. Aufl. (1989).

Rudolph, Hermann: Eine deutsche Versuchung, in: SZ vom 5. April 1990.

Scheuner, Ulrich: Der Kampf um den Wehrbeitrag (1952 - 1958), Bd. 3.

— Art. 146 und das Problem der verfassunggebenden Gewalt, DÖV 1953, S. 581 ff.

Schmitt, Carl: Die Diktatur (1921), 4. Aufl. (1978).

— Verfassungslehre (1928), 3. Aufl. (1957).

Schockenhoff, Volker: Wirtschaftsverfassung und Grundgesetz. Die Auseinandersetzung in den Verfassungsberatungen 1945 - 1949 (1986).

Scholz, Rupert: Der Status Berlins, in: Isensee / Kirchhof (Hrsg.) Handbuch des Staatsrechts I (1987), § 9.

Starck, Christian: Das Grundgesetz für Deutschland - Schritt für Schritt, in: FAZ Nr. 81 vom 5. April 1990, S. 14.

Schmidt-Jortzig, Edzard: Der verfassungsrechtliche Gehalt des Warschauer Vertrages vom 7. 12. 1970 und seine völkerrechtlichen Bezüge, Der Staat 10 (1971), S. 311 ff.

Schürmann, Martin: Grundlagen und Prinzipien des legislatorischen Einleitungsverfahrens nach dem Grundgesetz (1987).

Seifert, Karl-Heinz: Kommentierung zu Art. 146 GG, in: Seifert / Hömig (Hrsg.), Grundgesetz für die Bundesrepublik Deutschland, 3. Aufl. (1988).

Smend, Rudolf: Verfassung und Verfassungsrecht (1928), in: ders. (Hrsg.), Staatsrechtliche Abhandlungen, 2. Aufl. (1968), S. 119 ff.

Sörgel, Werner: Konsensus und Interessen (1969).

Steiner, Udo: Verfassunggebung und verfassunggebende Gewalt des Volkes (1966).

Stern, Klaus: Das Staatsrecht der Bundesrepublik Deutschland, Bd. I, 2. Aufl. (1984), Bd. II (1980), Bd. III/1 (1988).

Tomuschat, Christian: EWG und DDR. Völkerrechtliche Überlegungen zum Sonderstatus des Außenseiters einer Wirtschaftsunion, EuR 1969, S. 298 ff.

Weber, Werner: Die Frage der gesamtdeutschen Verfassung (1950).

Wohlfahrth, E., in: Wohlfahrth / Everling / Sprung / Glaesner / Sprung, Die Europäische Wirtschaftsgemeinschaft. Kommentar zum Vertrag (1960).

Zacher, Hans: Kommentierung zu Art. 178 BV, in: Nawiasky / Leusser / Schweiger / Zacher, Die Verfassung des Freistaates Bayern, 2. Aufl. (Stand: 1989).

Zinn, Georg August: Der Bund und die Länder, AöR 75 (1949), S. 293 ff.

Printed by Libri Plureos GmbH
in Hamburg, Germany